JN058893

韓国語Ⅱ（'20）

生越直樹・永原　歩

韓国語Ⅱ（'20）

装丁・ブックデザイン：畑中　猛

s-41

はじめに

韓国語Ⅰを終え、韓国語Ⅱも学習しようとする皆さんは、韓国語を使って、こういうことをしたい、ああいうことをしたいという具体的な希望があることでしょう。そのためには会話だけでよい、あるいは読解だけでよい、と学習する事柄を限定しようとするかもしれません。しかし、それはまだ早すぎます。大きな花を咲かせるためには、しっかりとした根や茎が必要です。まず基本的な表現の習得こそが、将来にわたり、しっかりした韓国語能力を保証することになるのです。あせらず、韓国語の習得に取り組んでください。

本書は、韓国語Ⅰの学習を終了した、あるいは同程度の韓国語能力を持つ人を対象にしています。本書を学習することによって、より複雑な会話ができ、手紙やSNSで簡単な文章が書けるようになり、韓国人とより多様で深いコミュニケーションができるようになることをめざしています。具体的には、変則用言、連体形、接続語尾など、韓国語の初級あるいは初中級レベルで必要な表現を学習し、さらに関連する単語をまとめて学習することにより、使える語彙数も増やしていきます。これら学習した表現や語彙を使って簡単な会話を練習すれば、実際のコミュニケーションの場でもいろいろな表現が使えるようになるでしょう。

各課の構成は、韓国語Ⅰと同じ構成になっています。「この課で学ぶこと」で、それぞれの課で学ぶことを確認した後、いくつかの表現について練習します。練習した表現を使って短い会話を練習し、さらに単語の整理、まとめの練習で表現力を養成します。巻末には練習問題の解答、単語索引がありますので、適宜利用してください。

この教材作成のためにご尽力いただいた編集者の濱本恵子さんに、改めて感謝申し上げます。何とか完成にこぎ着けたのは、濱本さんのおかげです。放送の収録では、発音を担当してくださった金成恩さん、鄭宇鎮さん、担当の黒岩浩幸さんに大変お世話になりました。皆様のご協力に感謝申し上げます。

この教材が皆さんの韓国語の力を伸ばす助けになることを願っています。

2019年10月

生越直樹、永原歩

目次

印刷教材の使い方（凡例）

1．全体の構成

全体で15課からなり、第1課と第2課は、『韓国語Ⅰ('20)』で学習した表現の復習をします。第2課の後半から第14課までは新たな表現を練習し、第15課はまとめの課になっています。巻末には練習問題の解答、単語・表現索引（韓日)、単語・表現リスト（日韓）をつけました。

2．課の構成

(1) この課で学ぶこと

課で学ぶことを簡単にまとめてあります。学ぶ（学んだ）内容の確認に活用してください。

(2) 表現

［◯課の復習］で前の課で練習したことを確認してから、新たな表現を学習していきます。説明と例文で各表現の使い方を知った後、練習問題で練習します。

(3) 会話

練習した表現の使い方について、実際の会話を練習しながら学んでいきます。会話の文は、簡単な対話をいくつか示しています。各対話は関連したものではなく、それぞれ独立しています。対話の文を覚えやすくすることがねらいです。理解しやすいように、［会話で注意する発音］、［会話の単語］、［会話訳］を付しています。

会話の文は実際の場面でも使えるような会話が多いので、少しずつでも練習して覚えていってください。

⑷ 単語の整理

語彙の学習の手助けになるよう、関連する語や語句をまとめて示しています。

⑸ まとめの練習

学んだ表現が覚えられているかを、最後にもう一度練習して確認します。

⑹ 最後のチェック

どういう表現を学んだかを最後にチェックします。該当の表現がすぐに言えないときは、もう一度説明を見て確認してください。

3. コラム

韓国語の特徴や学習する上で注意すべき点について、日本語との違いにも触れながら、簡単に説明しています。

4. 記号

(1) 韓国語の漢字語が日本語の漢語と共通している場合は、日本語訳に [ ] をつけて表示しています。ただし、同じ単語が何度も出てくる場合、各課で最初に出てくるときのみ [ ] をつけています。ただし、「単語の整理」では、最初に出てきたか否かに関係なく、漢語と共通する場合は [ ] をつけました。

교실 [教室]

(2) 発音規則などで、発音が表記と異なる場合には、表記の後に [ ] で発音を示しています。[ ] 内は、発音通りにハングルで記しています。

학년 [항년] [学年]・~年生

(3) 練習問題で、変則用言が解答に影響を与える場合には、〈 〉で変則用言の種類を示しました。

어렵다〈ㅂ変〉

(4) 注意 発音や表現で特に注意すべき点について説明しています。

(5) ◉ はCDに収録されている項目を示しています。番号はトラック番号です。CDを活用して練習してください。

(6)『韓国語Ⅰ('16)』で学習した方に

このテキストでは、『韓国語Ⅰ('16)』で使われていた語基Ⅰ～Ⅲという用語を使っていません。用言の活用に関しては、韓国の文法で使われている考え方を基本にして説明をしています。『韓国語Ⅰ('20)』の復習をする第1課と第2課では、必要に応じて<　>で語基も表記するようにしましたので、形の示し方の違いを確認してください。

<Ⅰ＋ㅂ니다, ㅂ니까>

第1課　復習(1)(합니다体と해요体、否定形)

この課で学ぶこと

1. 합니다体現在形の叙述形と疑問形の復習
2. 助詞の復習
3. 해요体の叙述形、疑問形、해요体・합니다体の過去形の復習
4. 名詞文・用言文の否定形の復習
5. 漢語系数詞の復習

第１課と第２課では「韓国語Ⅰ」の復習を中心に進めます。よく確認したうえで第３課以降の新しい内容に進むようにしましょう。

1. 합니다体現在形の叙述形と疑問形の復習

합니다体は最も丁寧な言い方です。叙述形、疑問形の作り方は次の表のようになりましたね。名詞文「○○です」を作る指定詞이다は母音語幹と同じ活用で입니다、「います・あります」「いません・ありません」を表す存在詞있다・없다は子音語幹と同じ活用になります。疑問形は語尾の最後を까に変えるのでした。表で確認しておきましょう。

語幹の最後 （語幹の種類）	합니다体（叙述） （疑問）	例	です・ます ですか・ますか
パッチムなし （母音語幹）	語幹＋**ㅂ니다** **ㅂ니까?** 〈Ⅰ＋ㅂ니다, ㅂ니까〉	가다　行く 학생이다 [学生]だ	갑니다 갑니까? 학생입니다 학생입니까?
ㄹパッチム （ㄹ語幹）	語幹（ㄹ脱落）＋**ㅂ니다** **ㅂ니까?** 〈Ⅰ＋ㅂ니다, ㅂ니까〉	알다　知る	압니다 압니까?
パッチムあり （子音語幹）	語幹＋**습니다** **습니까?** 〈Ⅰ＋습니다, 습니까〉	먹다 食べる 있다 いる・ある	먹습니다 먹습니까? 있습니다 있습니까?

練習 1 ·········· 2

例のように日本語に合わせて、下線部の用言にㅂ니다/습니다、ㅂ니까/습니까をつけて言ってみましょう。文全体の意味も考えてみましょう。

例）오늘은 학교에 가다（行きます）　　오늘은 학교에 **갑니다**.

① 역 앞에 우체국이 있다（あります）　＿＿＿＿＿＿＿＿

② 다로 씨는 학생이다（ですか）　＿＿＿＿＿＿＿＿

③ 영화를 보다（見ます）　＿＿＿＿＿＿＿＿

④ 이 책을 알다（知っていますか）　＿＿＿＿＿＿＿＿

2. 助詞の復習

韓国語Ⅰで学習した助詞は以下の通りです。練習問題で使い方を確認しましょう。前に来る名詞の最後にパッチムがあるかどうかによって、形を使い分ける場合がありました。使い分けに注意しましょう。

日本語	韓国語	
	パッチムなし	パッチムあり
は	**는**	**은**
が	**가**	**이**
を	**를**	**을**
に	**에**	
〈人・動物〉に	**에게**	
〈場所〉で	**에서**	
〈方法・手段〉で	**로**(ㄹパッチムも)	**으로**

日本語	韓国語	
	パッチムなし	パッチムあり
〈場所〉から	**에서**	
〈時間〉から	**부터**	
〈人・動物〉から	**에게서**	
まで	**까지**	
も	**도**	
と	**와**	**과**
と(話し言葉で)	**하고**	

練習2 3

次の文の括弧に当てはまる助詞を日本語の意味に合うように書き入れなさい。

① 아버지(　　　) 회사원입니다.　父は[会社員]です。

② 시장(　　　) 김치(　　　) 삽니다.　[市場]でキムチを買います。

③ 여동생(　　　) 있습니다.　妹がいます。

④ 아침에 빵(　　　) 먹습니다.　朝パンを食べます。

⑤ 책상 위(　　　) 교과서(　　　) 있습니까?

机の上に[教科書]がありますか。

⑥ 친구(　　　) 전화합니다.　友達に[電話]をします。

⑦ 야채(　　　) 고기를 삽니다.　[野菜]と肉を買います。

⑧ 친구(　　　) 같이 공부합니다.　友達と一緒に勉強します。（話し言葉）

⑨ 지하철(　　　) 갑니다.　[地下鉄]で行きます。

⑩ 3시(　　　) 5시(　　　) 수업이 있습니다.

3時から5時まで[授業]があります。

⑪ 어머니(　　　) 전화가 옵니다.　母から電話が来ます。

⑫ 커피를 마십니다. 우유(　　　) 마십니다.

コーヒーを飲みます。[牛乳]も飲みます。

⑬ 선생님(　　　) 한국 사람입니다.　先生は[韓国]人です。

⑭ 서울(　　　) 부산(　　　) 갑니다.　ソウルからプサンまで行きます。

3. 해요体の叙述形、疑問形、해요体・합니다体の過去形の復習

해요体は丁寧な言い方で、日常会話でよく使われる表現です。해요体現在形と過去形は、語幹の最後の母音が陽母音（ㅗ、ㅏ）か陰母音（ㅗ、ㅏ以外）かによって、後ろに続く語尾の形が違いますが活用の仕方は同じです。また語幹の最後にパッチムがない母音語幹の場合は語幹と語尾が合わさり母音が脱落したり、縮約するので注意が必要ですが、この方法も해요体と過去形で共通しています。さらに名詞文を作る이다（指定詞）は単独で他の用言とは異なる活用をします。以下の表で해요体現在形と過去形のそれぞれのパターンを復習しましょう。

語幹の種類　例	해요体現在形 （ます、です） 〈Ⅲ＋요〉	합니다体過去形 （ました、でした） 〈Ⅲ＋ㅆ습니다〉	해요体過去形 （ました、でした） 〈Ⅲ＋ㅆ어요〉
子音語幹（陽母音） 받다	받아요	받았습니다	받았어요

<table>
<tr><th colspan="2">語幹の種類　例</th><th>해요体現在形
(ます、です)
〈Ⅲ＋요〉</th><th>합니다体過去形
(ました、でした)
〈Ⅲ＋ㅆ습니다〉</th><th>해요体過去形
(ました、でした)
〈Ⅲ＋ㅆ어요〉</th></tr>
<tr><td colspan="2">子音語幹（陰母音）
먹다</td><td>먹어요</td><td>먹었습니다</td><td>먹었어요</td></tr>
<tr><td rowspan="5">母音語幹（母音脱落）</td><td>ㅏで終わる語幹 가다</td><td>가요</td><td>갔습니다</td><td>갔어요</td></tr>
<tr><td>ㅓで終わる語幹 서다</td><td>서요</td><td>섰습니다</td><td>섰어요</td></tr>
<tr><td>ㅕで終わる語幹 켜다</td><td>켜요</td><td>켰습니다</td><td>켰어요</td></tr>
<tr><td>ㅐで終わる語幹 보내다</td><td>보내요</td><td>보냈습니다</td><td>보냈어요</td></tr>
<tr><td>ㅔで終わる語幹 세다</td><td>세요</td><td>셌습니다</td><td>셌어요</td></tr>
<tr><td rowspan="4">母音語幹（母音縮約）</td><td>ㅗで終わる語幹 보다</td><td>봐요 /
보아요</td><td>봤습니다 /
보았습니다</td><td>봤어요 /
보았어요</td></tr>
<tr><td>ㅜで終わる語幹 주다</td><td>줘요 /
주어요</td><td>줬습니다 /
주었습니다</td><td>줬어요 /
주었어요</td></tr>
<tr><td>ㅣで終わる語幹 마시다</td><td>마셔요</td><td>마셨습니다</td><td>마셨어요</td></tr>
<tr><td>ㅚで終わる語幹 되다</td><td>되어요 /
돼요</td><td>되었습니다 /
됐습니다</td><td>되었어요 /
됐어요</td></tr>
<tr><td colspan="2">하다用言　　하다</td><td>하여요
→해요</td><td>하였습니다
→했습니다</td><td>하였어요
→했어요</td></tr>
<tr><td colspan="2">名詞文（名詞・パッチム無）이다</td><td>예요</td><td>였습니다</td><td>였어요</td></tr>
<tr><td colspan="2">（名詞・パッチム有）이다</td><td>이에요</td><td>이었습니다</td><td>이었어요</td></tr>
</table>

練習3 ………………………………………………………………… 4

例のように、次の語句を使って日本語の意味に合うように文を作りましょう。必要な語尾を補い、用言は해요体にすること。

例）학교/가다（[学校]に行きます）→ 학교**에 가요**.

① 식당/점심/먹다（[食堂]で昼食を食べます）＿＿＿＿＿＿＿＿

② 옷/작다（服が小さいです）＿＿＿＿＿＿＿＿

③ 불/켜다（明かりをつけます）＿＿＿＿＿＿＿＿

④ 물/마시다（水を飲みます）＿＿＿＿＿＿＿＿

⑤ 드라마/보다（ドラマを見ます）＿＿＿＿＿＿＿＿

⑥ 도서관/공부하다（[図書館]で勉強します）＿＿＿＿＿＿＿＿

練習 4 ………… 4

語幹の種類に気をつけながら、下線部の用言を過去形にしましょう。文末は해요体にし、文の意味も考えてみましょう。

① 어제 친구를 <u>만나다</u>　＿＿＿＿＿＿＿＿

② 우체국에서 소포를 <u>보내다</u>　＿＿＿＿＿＿＿＿

③ 저는 작년에 학생<u>이다</u>　＿＿＿＿＿＿＿＿

④ 많이 <u>기다리다</u>　＿＿＿＿＿＿＿＿

⑤ 대학교에서 한국어를 <u>배우다</u>　＿＿＿＿＿＿＿＿

4. 名詞文・用言文の否定形の復習

否定形は名詞文と用言文で形が違いましたね。ここではまず名詞文を、その次に用言文の否定形を復習します。

(1) 名詞文の否定形

名詞の最後にパッチムがあるかどうかによって２つの形がありました。それぞれ叙述形、疑問形を現在形、過去形で示しましたので確認してみましょう。

名詞の最後	基本形（ではない）	文末	現在形（ではありません、ではありませんか）	過去形（ではありませんでした、ではありませんでしたか）
パッチムなし	名詞＋**가 아니다**	합니다体	**가 아닙니다** **가 아닙니까?**	**가 아니었습니다** **가 아니었습니까?**
		해요体	**가 아니에요(?)**	**가 아니었어요(?)**
パッチムあり	名詞＋**이 아니다**	합니다体	**이 아닙니다** **이 아닙니까?**	**이 아니었습니다** **이 아니었습니까?**
		해요体	**이 아니에요(?)**	**이 아니었어요(?)**

例）제 친구**가 아닙니다/아니에요.** 私の友達ではありません。
제 친구**가 아니었습니다/아니었어요.** 私の友達ではありませんでした。
학생**이 아닙니다/아니에요.** 学生ではありません。
학생**이 아니었습니다/아니었어요.** 学生ではありませんでした。

(2) 用言文の否定形

用言文の否定形は、語幹に지 않다をつけるのが基本です。こちらもそれぞれ합니다体、해요体の叙述形、疑問形を示しましたので確認してみましょう。

用言の否定形（ない）	文末	現在形（ません、ないです）	過去形（ませんでした、なかったです）
語幹＋**지 않다** 〈Ⅰ＋지 않다〉	합니다体	**지 않습니다** **지 않습니까?**	**지 않았습니다** **지 않았습니까?**
	해요体	**지 않아요(?)**	**지 않았어요(?)**

例）가**지 않습니다/않아요.**　　行きません。

가**지 않았습니다/않었어요.**　　行きませんでした。

さらに用言文の否定形にはもう一種類、用言の前に안をつける形もあります。

例）**안** 먹습니다/먹어요.　　食べません。

안 먹었습니다/먹었어요.　　食べませんでした。

공부하다のように「名詞＋하다」となっている用言（하다用言）は하다の直前に안が入ります。

공부 **안** 해요.　　勉強しません。

일 **안** 합니다.　　働きません。

練習５　5

次の韓国語の文を日本語の意味に合うように否定形に直しましょう。文末の語尾は元の文と同じにし、用言の否定形は２種類とも作ってみること。名詞文と用言文の違いにも注意しましょう。

① 오늘은 일요일입니다.（今日は［日曜日］ではありません。）

____

② 숙제가 많습니다.（［宿題］が多くありません。）

____

③ 내일은 학교에 가요.（明日は学校に行きません。）

____

④ 매일 책을 읽어요.（［毎日］本を読みません。）

____

⑤ 수업이 휴강이었습니다.（［授業］が［休講］ではありませんでした。）

____

5. 漢語系数詞の復習

数詞には、中国語が元になっている漢語系数詞と韓国語固有の固有語系数詞がありました。ここでは漢語系数詞を復習します。

漢語系数詞

一	二	三	四	五	六	七	八	九	十
일	이	삼	사	오	육	칠	팔	구	십

百	千	万	億
백	천	만	억

漢語系数詞と共に使われる助数詞は以下のようなものがあります。

助数詞の種類	例
～月：월	1月 일월　3月 삼월　6月 유월* 10月 시월*　＊6月と10月の形には注意。
～日：일	1日 일 일　10日 십 일　15日 십오 일 24日 이십사 일
～ウォン：원 (韓国の通貨)	1200ウォン 천이백 원　15000ウォン 만오천 원
～階：층	3階 삼 층　15階 십오 층　32階 삼십이 층
～年生：학년 [항년]	1年生 일 학년　3年生 삼 학년 6年生 육 학년[유캉년]

練習６ ……………… 5

例のように、次の語句を使って日本語の意味に合うように文を完成させましょう。数詞はハングルで書き、文末は해요体にすること。また必要な助詞、語尾を補うこと。

例）오늘/3일/이다（今日は3日です）→ 오늘**은** **삼** 일**이에요**.

① 이 가방/35000원/이다（このかばんは35000ウォンです）

____

② 제 생일/10월 23일/이다（私の誕生日は10月23日です）

____

③ 저/12층/살다（私は12階に住んでいます）

____

④ 여동생/지금/3학년/이다（妹は今3年生です）

____

⑤ 1월 19일/시험/있다（1月19日に［試験］があります）

____

総合問題 ……………… 6

次の表の日本語の部分を韓国語に直し、１週間の出来事を完成させましょう。文末は해요体にすること。

日にち	曜日	出来事
유월 오 일	月曜日 ________	今日は［午前］（오전）に授業がありました。 ______________________________

6月6日 ＿＿＿＿＿	화요일	友達に会いました。一緒に（같이）[映画]を見ました。 ＿＿＿＿＿＿＿＿＿＿＿＿＿＿＿
유월 칠 일	水曜日 ＿＿＿＿＿	学校に行きませんでした。授業が休講（휴강）でした。 ＿＿＿＿＿＿＿＿＿＿＿＿＿＿＿
6月8日 ＿＿＿＿＿	목요일	アルバイト（아르바이트）がありました。 ＿＿＿＿＿＿＿＿＿＿＿＿＿＿＿
유월 구 일	金曜日 ＿＿＿＿＿	[故郷]（고향）から母が来ました。 ＿＿＿＿＿＿＿＿＿＿＿＿＿＿＿
6月10日 ＿＿＿＿＿	토요일	母と新宿（신주쿠）に行きました。人が多かったです。 ＿＿＿＿＿＿＿＿＿＿＿＿＿＿＿
6月11日 ＿＿＿＿＿	일요일	明日試験があります。家で勉強しました。 ＿＿＿＿＿＿＿＿＿＿＿＿＿＿＿

▶この課の内容を理解できていたらチェックしましょう。できていない部分はもう一度テキストの該当部分に戻って確認してください。

- □ 합니다体現在形の叙述形、疑問形の復習
- □ 助詞の復習
- □ 해요体の叙述形、疑問形、해요体・합니다体の過去形の復習
- □ 否定形の復習
- □ 漢語系数詞の復習

韓国語の辞書について

今後韓国語がうまくなるためには、語彙力が重要となります。ここでは、辞書の紹介をしておきます。

1．紙の辞書（刊行されている辞書）

①**小学館韓日辞典**（油谷幸利他編、小学館、2018）、②**小学館日韓辞典**（油谷幸利他編、小学館、2008）現時点では最もよい韓日辞典、日韓辞典です。

③**ポケットプログレッシブ韓日・日韓辞典第２版**（油谷幸利他編、小学館、2013）、④**パスポート朝鮮語小辞典**（塚本勲監修　熊谷明泰責任編集、白水社、2005）、⑤**デイリーコンサイス韓日・日韓辞典**（尹亭仁編、三省堂、2009）この３冊は、韓国語－日本語辞典、日本語－韓国語辞典が一緒になったもので、旅行のときなどには便利でしょう。ただし、単語数が少ないので中級以上のレベルで使うには適当ではありません。

2．アプリケーションやネットで使用するもの

⑥**韓日・日韓辞典**（小学館、物書堂、有料）①の韓日辞典の旧版と②の日韓辞典をセットにしたもの。⑦ **NAVER 辞書**（NAVER、無料） https://ja.dict.naver.com/ でも使用可能。⑦**標準国語大辞典**（国立国語院） アプリは有料ですが、HP https://stdict.korean.go.kr/main/main.do で無料で利用できます。ただし、アプリやネット上の辞書については変化が激しいので、最新の情報を調べるようにしてください。

第2課　復習(2)（尊敬形）、連用形

この課で学ぶこと

1. 尊敬形と丁寧な依頼表現、特殊な尊敬形の復習
2. 禁止表現と複合表現の復習
3. 固有語系数詞の復習
4. 連用形
5. 連用形を含む表現

「てください」＝ **아/어 주세요**　조금 **기다려 주세요**.　少しお待ちください。

「てみる」＝ **아/어 보다**　먹어 **보세요**.　食べてみてください。

1. 尊敬形と丁寧な依頼表現、特殊な尊敬形の復習

韓国語では目上の人に尊敬形を使います。尊敬形は、母音語幹とㄹ語幹、子音語幹で語尾の形が違います。また、합니다体の場合は、用言の語幹に尊敬の接辞시/으시がつき、さらにㅂ니다、ㅂ니까が続きますが、해요体の場合は語幹に세요/으세요という形がつきます。

（1）尊敬形（現在形）

	パッチムなし（母音語幹）	ㄹパッチム（ㄹ語幹）	パッチムあり（子音語幹）
합니다体（叙述） （疑問） 〈Ⅱ＋십니다/십니까〉	語幹＋**십니다** ＋**십니까**	語幹（ㄹ脱落）＋**십니다** ＋**십니까**	語幹＋**으십니다** **으십니까**

	パッチムなし (母音語幹)	ㄹパッチム (ㄹ語幹)	パッチムあり (子音語幹)
해요体〈Ⅱ＋세요〉	語幹＋**세요**	語幹(**ㄹ脱落**)＋**세요**	語幹＋**으세요**

例) 아버지는 매일 회사에 다니**십니다**. 父は[毎日][会社]に通われています。

할머니, 뭘 만드**세요**? おばあさん、何を作っていらっしゃるのですか。

뭘 찾**으세요**? 何をお探しですか。

해요体の尊敬形(現在形) 세요/으세요は、そのまま丁寧な依頼表現としても使えます。

먼저 가**세요**. お先にお行きください。

천천히 읽**으세요**. ゆっくりお読みください。

(2) 尊敬形(過去形)

尊敬形の過去形は、用言語幹に셨/으셨(尊敬の시/으시と過去の었が縮約された形)がつき、さらに합니다体ではㅂ니다、ㅂ니까、해요体では어요が続きます。この場合も、語幹の種類によって続く形が変わります。次の表で確認しましょう。

	パッチムなし (母音語幹)	ㄹパッチム (ㄹ語幹)	パッチムあり (子音語幹)
합니다体(叙述) (疑問) 〈Ⅱ＋셨습니다/셨습니까〉	語幹＋**셨습니다** ＋**셨습니까**	語幹(**ㄹ脱落**)＋**셨습니다** ＋**셨습니까**	語幹＋**으셨습니다** **으셨습니까**
해요体〈Ⅱ＋셨어요〉	語幹＋**셨어요**	語幹(**ㄹ脱落**)＋**셨어요**	語幹＋**으셨어요**

例）선생님은 일찍 오**셨습니다**. 先生は早くいらっしゃいました。

과장님에게서 연락을 받**으셨어요**? 課長から[連絡]をお受けになりましたか。

また、名詞文を作る指定詞（이다、이/가 아니다）の場合は母音語幹と同じように活用します。ただし会話では母音で終わる名詞の場合、이다の이が省略されることが多いです。

김 선생님이다 → 김 선생님**이십니까**?/**이세요**?

キム先生でいらっしゃいますか。

저분은 저희 아버지이다 → 저분은 저희 아버지(이)**십니다**/(이)**세요**.*

あの方は私の父でいらっしゃいます。

＊韓国語では自分の身内について話すときでも尊敬形を使います。

누구이다 → 저분은 누구셨습니까? * あの方はどなたでしたか。

＊누구に尊敬形が続くときは、이が省略されます。

（3）特殊な尊敬形

特殊な尊敬形とは、日本語の「食べる」と「召し上がる」のように、元の語彙と尊敬形あるいは謙譲形が異なるものです。語自体がすでに尊敬や謙譲の意味を含んでいるので、합니다体は語幹にㅂ니다をつけ、해요体は시다を세요に変えます。

<table>
<tr><td></td><td colspan="2">元の語彙</td><td>尊敬形・謙譲形</td><td>日本語の意味</td></tr>
<tr><td rowspan="4">用言</td><td colspan="2">먹다 食べる
마시다 飲む</td><td>드시다 , 잡수시다</td><td>召し上がる</td></tr>
<tr><td rowspan="2">있다</td><td>ある</td><td>있으시다</td><td>おありになる</td></tr>
<tr><td>いる</td><td>계시다</td><td>いらっしゃる</td></tr>
<tr><td colspan="2">말하다 言う</td><td>말씀하시다
말씀드리다</td><td>おっしゃる
申し上げる</td></tr>
</table>

	元の語彙	尊敬形・謙譲形	日本語の意味
用言	자다　寝る	**주무시다**	お休みになる
	죽다　死ぬ	**돌아가시다**	亡くなる
	주다　あげる・くれる	**드리다**	差し上げる
名詞	밥　ご飯	**진지**	お食事
	말　言葉	**말씀**	お言葉
	나　私	**저**	わたくし
	우리　私たち、うちの	**저희**	わたくしたち、わたくしの
	이름　名前	**성함**	お名前
	나이　歳	**연세**	お歳
助詞	가/이　～が	**께서**	～が
	는/은　～は	**께서는**	～は
	에게　～に	**께**	～に

例）할아버지**께서 진지**를 **잡수셨어요.**　おじいさんがお食事を召し上がりました。

성함이 어떻게 되십니까?*　お名前は何とおっしゃいますか。

연세가 어떻게 되십니까?*　お歳はいくつでいらっしゃいますか。

＊名前と年齢を尋ねる言い方は特殊なのでフレーズごと覚えましょう。

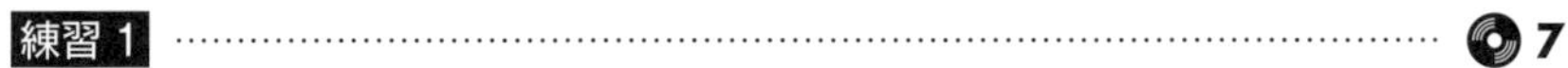

練習１ ……… 7

例のように、文の下線部を尊敬形に替え、日本語の意味に合う文を作ってみましょう。特殊な尊敬形に気をつけましょう。

例）밥을 먹어요.（お食事を召し上がります。）→ **진지를 잡수세요/드세요.**

① 할머니에게 생일 선물을 주었습니다. (おばあさんに誕生日プレゼントを差し上げました。)

→ ______________________________

② 아버지는 매일 술을 마십니다. (父は毎日お酒を召し上がります。)

→ ______________________________

③ 선생님은 지금 연구실에 있어요? (先生は今[研究室]にいらっしゃいますか。)

→ ______________________________

④ 우리 어머니는 집에서 된장도 만들어요. (うちの母は家で味噌も作られます。)

→ ______________________________

2. 禁止表現と複合表現の復習

韓国語Ⅰでは次のような禁止表現と複合表現を学びました。

表現	意味	例
지 마세요/마십시오 〈Ⅰ-지 마세요/마십시오〉	～ないでください	여기서 떠들**지 마세요**. ここで騒がないでください。
고 싶다 〈Ⅰ-고 싶다〉	～たい	커피를 마시**고 싶어요**. コーヒーを飲みたいです。 한국에 가**고 싶습니다**. [韓国]に行きたいです。
고 있다 〈Ⅰ-고 있다〉	～ている	매일 한국어를 공부하**고 있어요**. 毎日[韓国語]を勉強しています。 유나는 지금 쿠키를 만들**고 있습니다**. ユナは今クッキーを作っています。

丁寧な禁止を表す「〜ないでください」は、語幹に지 마세요/마십시오をつけて作ることができます。願望を表す「〜たい」は、語幹に고 싶다をつけます。합니다体の場合は고 싶습니다/싶습니까?、해요体の場合は고 싶어요となります。動作の進行を表す「〜ている」は、語幹に고 있다をつけます。합니다体の場合は고 있습니다/있습니까?、해요体の場合は고 있어요となります。

練習2 ……………………………………………… 7

例のように、次の語を使って「〜ないでください」「〜たいです」「〜ています」という文を日本語の意味に合うように作ってみましょう。必要な助詞、語句を補い、文末は해요体にすること。

例）커피/마시다（コーヒーを飲みたいです）→ 커피를 마시**고 싶어요.**

① 노래방/노래/부르다（カラオケで歌を歌いたいです）

→ ＿＿＿＿＿＿＿＿＿＿＿＿＿＿＿＿＿＿＿＿

② 이 가게/가방/사다（この店ではカバンを買わないでください）

→ ＿＿＿＿＿＿＿＿＿＿＿＿＿＿＿＿＿＿＿＿

③ 한국/삼계탕/먹다（韓国でサムゲタンを食べたいです）

→ ＿＿＿＿＿＿＿＿＿＿＿＿＿＿＿＿＿＿＿＿

④ 저/매일/수영 연습/하다（私は毎日[水泳]の[練習]をしています）

→ ＿＿＿＿＿＿＿＿＿＿＿＿＿＿＿＿＿＿＿＿

3. 固有語系数詞の復習

ここでは第1課で復習した漢語系数詞に続き、固有語系数詞を復習します。固有語系数詞は99まであり、100以上は漢語系数詞と固有語系数詞を組み合わせます。

1	2	3	4	5	6	7	8	9	10
하나	**둘**	**셋**	**넷**	**다섯**	**여섯**	**일곱**	**여덟**[여덜]	**아홉**	**열**

11	12	20	30	40	50	60	70	80	90
열하나	**열둘**	**스물**	**서른**	**마흔**	**쉰**	**예순**	**일흔**[이른]	**여든**	**아흔**

また１～４、20は後ろに助数詞がつくと以下のように形が変わるので注意が必要でしたね。

	1	2	3	4	20
元の数詞	하나	둘	셋	넷	스물
助数詞の前で	**한**	**두**	**세**	**네**	**스무**

固有語系数詞と共に使われる助数詞は以下のようなものがあります。

助数詞の種類	例
시：～[時]	3時 세 시、5時 다섯 시、9時 아홉 시、10時 열 시、12時 열두 시
개：～[個]	2個 두 개、7個 일곱 개、20個 스무 개、35個 서른다섯 개
명：～[名]	1名 한 명、4名 네 명、23名 스물세 명
살：～歳	18歳 열여덟 살、20歳 스무 살、36歳 서른여섯 살、43歳 마흔세 살
장：～枚	6枚 여섯 장、15枚 열다섯 장、30枚 서른 장
잔：～杯	1杯 한 잔、5杯 다섯 잔、10杯 열 잔
권：～冊	4冊 네 권、12冊 열두 권 、20冊 스무 권
시간:～[時間]	1時間 한 시간、9時間 아홉 시간、24時間 스물네 시간 (이십사 시간)

注意

1）「24 時間」や「48 時間」などまとまった時間を表す場合は漢語系数詞を使うことが多いです。

2）時間を言うとき、「～時」は固有語系数詞ですが、「～分」は漢語系数詞を使います。

練習３ 8

例のように、次の数字が含まれた日本語の文を韓国語に直しましょう。数字はハングルに直し、文末は해요体にすること。

例） ３時に授業（수업）があります。→ **세** 시에 수업이 있어요.

① ８時30分に学校に行きます。　→ ________________

② パン（빵）を３個買いました。　→ ________________

③ 昨日（어제）は７時間寝ました。→ ________________

④ 夏休み（여름 방학）に本（책）を12冊読みました。

→ ________________

⑤ 私は毎日ビール（맥주）を２杯飲みます。

→ ________________

⑥ 弟（남동생）は16歳です。　→ ________________

4. 連用形

用言の語幹に接続語尾아/어をつけた形を「**連用形**」と言います。これは해요体から요を取った形と同じですので、語幹末の母音が陽母音なら아を、陰母音なら어をつけます。母音の縮約や脱落も同じように起こります。用言の連用形は後ろにいろいろな用言が続き、複合的な表現になります。

받다 受け取る（陽母音） → 받**아** 受け取って
먹다 食べる（陰母音） → 먹**어** 食べて
가다 行く（母音脱落） → **가** 行って
마시다 飲む（母音縮約） → **마셔** 飲んで
공부하다 勉強する（하다用言） → 공부**해** 勉強して

5. 連用形を含む表現

（1）**「てください」＝아/어 주세요**（連用形＋주세요）

連用形に주다（くれる・あげる）の해요体尊敬形주세요をつけると、「～てください」という意味になります。아/어 주세요は、人に何かを丁寧にお願いするときや自分のために何かをお願いする場合に使います。합니다体に相当する形としては아/어 주십시오という表現があります。

例）교과서를 잠깐 보**여 주세요**. [教科書]をちょっと見せてください。
이 옷, 작아요. 바**꿔 주세요**. この服、小さいです。取り替えてください。

注意

a. 파티에 꼭 **오세요**.
b. 파티에 꼭 **와 주세요**.

上の２つの文はどちらも日本語では「パーティーに必ずいらしてください」と訳すことができますが、a は丁寧な指示・依頼で「来るように」と伝えるニュアンスです。一方 b は、話し手が「自分のために」相手に「ぜひとも来てほしい」という気持ちでお願いするニュアンスがあります。なお、最近はbをより丁寧な指示・依頼として使うこともあります。

(2)「てみる」＝**아/어 보다**（連用形 + 보다）

動詞の連用形に보다（みる）をつけると、「～てみる」という意味になります。아/어 보다は対応する日本語と同じく、試しに何かをするという場合に使います。また、ある事柄を経験したことを表す場合もあり、そのときは日本語の「てみる」と対応しないこともあります。아/어 봅니다/봐요で「～てみます」、아/어 봅니까?/봐요? で「～てみますか」、아/어 보세요で「～てみてください」のように使うことができます。

例）어제 그 사람과 만**나 봤어요**.　昨日その人と会ってみました。
　　이 과자 한번 먹**어 보세요**.　このお[菓子]、一度食べてみてください。
　　한국에 **가 봤어요?**　韓国に行ったことがありますか。

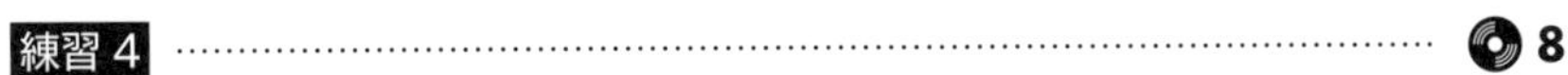

例のように、次の語と～아/어 주세요、아/어 보다を使って日本語の意味に合うように文を作ってみましょう。必要な助詞、語句を補い、数字はハングルに直し、文末は해요体にすること。

例）창문/닫다（窓を閉めてください）→ 창문을 닫**아 주세요**.

① 메일 주소/적다（メールアドレスを書いてください）

→ ________________________________

② 3시/기다리다（3時まで待ってください）

→ ________________________________

③ 다로 씨/연락하다（太郎さんに連絡してみましたか）

→ ________________________________

④ 저 가게/한번/가다（あの店、一度行ってみました）

→ ________________________________

⑤ 이 책/읽다（この本を読んでみてください）*

→ ＿＿＿＿＿＿＿＿＿＿＿＿＿＿＿＿＿＿＿

*아/어 보세요で「～てみてください」の意味になります。아/어 보다にさらに주세요をつける必要はありません。

総合問題 9

例のように、次の会話文のAの発話を日本語に直して「訳」に書き、【　】で与えられた情報や日本語の文を元にしてBの答えの文を作りましょう。数字もハングルで書くこと。

例）A：수업은 몇 시부터 있습니까?　→訳 授業は何時からありますか。
B：【８時50分】→ 여덟 시 오십 분부터 있습니다.
（８時50分からあります。）

① A：저분은 누구세요?　→訳 ＿＿＿＿＿＿＿＿
B：【うちの父】　→ ＿＿＿＿＿＿＿＿

② A：점심에 뭘 먹고 싶어요?　→訳 ＿＿＿＿＿＿＿＿
B：【비빔밥】　→ ＿＿＿＿＿＿＿＿

③ A：（電話で）준호 씨, 지금 뭐 하고 있어요?
→訳 ＿＿＿＿＿＿＿＿
B：【책을 읽다】　→ ＿＿＿＿＿＿＿＿

④ A：호떡, 맛있어요?　→訳 ＿＿＿＿＿＿＿＿
B：【相手に勧める「はい、一度召し上がってみてください」】
→ ＿＿＿＿＿＿＿＿

⑤ A：속 (お腹の調子) 이 안 좋아요.

→訳 ______________________

B：【助言をする「しばらく(당분간) コーヒーを飲まないでください」】

→ ______________________

⑥ A：아들이 몇 살이에요?　→訳 ______________________

B：【18歳】　→ ______________________

▶この課の内容を理解できていたらチェックしましょう。できていない部分はもう一度テキストの該当部分に戻って確認してください。

- □ 尊敬形と丁寧な依頼表現、特殊な尊敬形の復習
- □ 禁止表現と複合表現の復習
- □ 固有語系数詞の復習
- □ 連用形
- □ 連用形を含む表現「てください」= 아/어 주세요、「てみる」= 아/어 보다

第3課　ㅅ変則、接続語尾(1)

この課で学ぶこと

1. **ㅅ変則用言**　　새로 집을 **지었**어요. 新しく家を建てました。
2. 「けれども、が」＝ 지만　　돈은 없**지만** 시간은 있어요.
　お金はないが[時間]はあります。
3. 「て」＝ 고　　저는 학생이**고** 언니는 회사원입니다.
　私は[学生]で、姉は[会社員]です。

韓国語には通常と異なる形の取り方をする変則用言というものがあります。第３課から第７課までは変則用言について練習していきます。韓国語の文法で一番難しい部分ですので、一つ一つしっかり覚えていきましょう。

第２課の復習　　10

次の語を使って日本語に合うように文を作りましょう。文末は해요体にすること。

① 교과서/잠깐/보이다 ([教科書]をちょっと見せてください)

② 다로 씨/연락하다 (太郎さんに[連絡]してみましたか)

③ 한번/드시다 (一度召し上がってみてください)

1. ㅅ(시옷) 変則用言〈ㅅ変〉

⑴ ㅅ変則用言とは

ㅅ（시옷）変則用言に属すのは、語幹の最後のパッチムがㅅである用言の一部です。たとえば、낫다（すぐれている・治る）、짓다（作る）などがㅅ変則用言で、辞書では「ㅅ変」と表示されます。しかし、벗다（脱ぐ）、웃다（笑う）など、語幹の最後のパッチムがㅅであっても変則用言ではないものもあります。つまり、同じ形をしていても、単語によって形の取り方が違うわけです。見かけだけでは区別できないため、変則になる用言を一つ一つ覚えていくことになります。

낫다　すぐれている，治る　　語幹낫 ←―― 語幹最後のパッチムがㅅ

ㅅ変則　낫다（すぐれている・治る）、붓다（注ぐ）、잇다（つなぐ）、
젓다（かき混ぜる）、짓다（作る・建てる）など

正則（変則ではないもの）　벗다（脱ぐ）、씻다（洗う）、웃다（笑う）など

⑵ ㅅ変則用言の活用

ㅅ変則用言は、母音（아/어，으）で始まる語尾が続くとき語幹のパッチムㅅがなくなります。

짓다　作る　　語幹**짓** ＋ 으십니까 → **지**으십니까？ 作られますか。
ㅅ ＋ 으 → ナシ＋으
짓 ＋ 었어요 → **지**었어요．作りました。
ㅅ ＋ 어 → ナシ＋어

例）일본에서는 집을 나무로 **지으니까** 여름에 시원해요.

[日本]では家を木で建てるから夏涼しいです。

새로 집을 **지었어요.** 新しく家を建てました。

注意 文章を読むとき、나다（出る）など母音語幹の用言と間違えやすいので、気をつけましょう。

낫다 治る → **나았**습니다 治りました
나다 出る → **났**습니다 出ました

짓다 作る → **지었**습니다 作りました
지다 負ける → **졌**습니다 負けました

	ㅅ変則 짓다（作る）	正則 씻다（洗う）	母音語幹 지다（負ける）
지 않아요（～ません）	짓지 않아요	씻지 않아요	지지 않아요
으세요/세요（～てください）	**지으세요**	씻으세요	지세요
았/었어요（～ました）	**지었어요**	씻었어요	졌어요

練習 1 ⓒ 11

例のように、次の用言に、1）～으세요（～てください）、2）～았/었어요（～ました）の表現をつけて言ってみましょう。

例）짓다 作る → 지으세요、지었어요

① 낫다〈ㅅ変〉治る → ______________________

② 잇다〈ㅅ変〉つなぐ → ______________________

③ 벗다 脱ぐ → ______________________

練習２ ……………………………………………… 11

例のように、次の語を使って日本語の意味に合うように文を作りましょう。必要な助詞、語尾を補うこと。

例）감기/낫다（風邪は治りましたか）→ 감기은 **나았**어요?

① 이 건물/누가*/짓다/으셨습니까（この[建物]を誰がお作りになりましたか）

→ ________________________________

＊누구に助詞の가がつくときは、누구가ではなく누가となるので、注意。

② 인삼차/잘/젓다/으세요（[人参茶]をよくかき混ぜてください）

→ ________________________________

③ 야채/잘/씻다/으세요（[野菜]はよく洗ってください）

→ ________________________________

……………………………………………………………………

2.「けれども、が」＝語幹＋지만

지만は、２つの文を「〜だが」「〜だけれど」のようにつなげる接続語尾です。用言（指定詞も含む）の語幹の種類に関係なく常に同じ形がつきます。過去形の았/었の後にもつきます。

가다 行く　　가 + **지만** → 가**지만** 行くけれど（行くが）
갔다 行った　　갔 + **지만** → 갔**지만** 行ったけれど（行ったが）
춥다 寒い　　춥 + **지만** → 춥**지만** 寒いけれど（寒いが）
학생이다 学生だ　　학생이 + **지만** → 학생이**지만** 学生だけれど（学生だが）

例）오늘은 휴일이**지만** 학교에 가요.　今日は[休日]だけど[学校]に行きます。
　　많이 먹었**지만** 더 먹고 싶어요.　たくさん食べたけどもっと食べたいです。
　　돈은 없**지만** 시간은 있어요.　お金はないが時間はあります。

練習 3 ………………………………………… 12

例のように２つの文を지만を使ってつなげ、1つの文にしましょう。文末は해요体にすること。

例）한국어는　어렵다/재미있다（[韓国語]は難しいけれども面白いです）

→ 한국어는 어렵**지만** 재미있어요.

① 오늘은 바쁘다/내일은 시간이 있다（今日は忙しいが明日は時間があります）

→ ________________________________

② 많이 잤다/아직 졸리다（たくさん寝たけどまだ眠いです）

→ ________________________________

③ 공부했다/자신이 없다（勉強したけど[自信]がありません）

→ ________________________________

3.「て」＝語幹＋고

고は「～て」「～し」のように文をつなげる接続語尾です。用言（指定詞も含む）の語幹、または過去形の았/었の後について、動作や出来事の単純な羅列や順序を表します。

가다 行く　가 + **고** → 가**고**　行って（行き）
갔다 行った　→ 갔**고**　行って（行き）
춥다 寒い　→ 춥**고**　寒くて（寒く）
학생이다 学生だ　→ 학생이**고**　学生で（学生であり）

例）저는 학생이**고** 언니는 회사원입니다.
私は学生で、姉は会社員です。（単純な羅列）

어제는 도서관에도 갔**고** 그 다음에 은행에도 갔어요.

昨日は[図書館]にも行って、そのあと[銀行]にも行きました。（順序）

그 이야기를 듣**고** 감동했어요.　その話を聞いて[感動]しました。

練習４ ……………………………………… 12

例のように２つの文を고を使ってつなげ、１つの文にしましょう。文末は해요体にすること。

例）학교에 가다/은행에 가다（学校に行き、銀行に行きます）

→ 학교에 가**고** 은행에 가요.

① 오전에 아르바이트하다/오후에 공부하다（[午前]アルバイトをして[午後]勉強します）

→ ＿＿＿＿＿＿＿＿＿＿＿＿＿＿＿＿＿＿＿＿

② 전철을 타다/학교에 가다（電車に乗って学校に行きます）

→ ＿＿＿＿＿＿＿＿＿＿＿＿＿＿＿＿＿＿＿＿

③ 여기는 우체국이다/저기는 병원이다（ここは郵便局であそこは[病院]です）

→ ＿＿＿＿＿＿＿＿＿＿＿＿＿＿＿＿＿＿＿＿

第3課 

13

次の会話を何度も発音してみましょう。また意味を確認しましょう。

① A: 머리도 아프고 목도 좀 아픕니다.
B: 혹시 감기 걸렸어요? 많이 쉬시고 빨리 나으세요.

② A: 과장님, 집을 새로 지으셨어요?
B: 네, 지난달에 이사했어요.
A: 그럼 집들이에 초대해 주세요.
B: 좋아요. 다음 주 일요일에 우리 집에 오세요.

③ A: 한국에 여행을 가고 싶어요.
B: 저도 가고 싶어요. 우리 같이 가요!
A: 그런데 가고 싶지만 돈이 없어요.
B: 저도 시간은 있지만 돈이 없어요.

会話で注意する発音

13

① 많이 [마니]　② 좋아요 [조아요]、다음 주 [다음쭈]　③ 같이 [가치]、없어요 [업써요]

会話の単語

① 머리：頭、아프다：痛い、목：のど、혹시：もしかして、감기：風邪、걸리다：ひく・罹る、쉬다：休む、빨리：早く・速く、나으세요→낫다〈ㅅ変〉：治る

② 과장님：課長（直訳すると「課長様」）、새로：新しく、지으셨어요→짓다〈ㅅ変〉：建てる、지난달：先月、이사하다：引っ越しする、그럼：では・じゃあ、집들이：新居お披露目パーティー・引っ越し祝いパーティー、초대하다：

[招待]する、좋다 : よい、다음 주 : 来週

③ 한국 : [韓国]、여행(을) 가다 : [旅行]する・[旅行]に行く、그런데 : でも・ところで

会話訳

① A: 頭も痛くてのども少し痛いです。
 B: もしかして風邪をひきましたか。たくさん休んで早く治ってください。

② A: 課長、家を新しく建てられたのですか。
 B: はい、先月引っ越しました。
 A: では新居お披露目パーティーに招待してください。
 B: いいですよ。来週の日曜日にうちに来てください。

③ A: 韓国に旅行に行きたいです。
 B: 私も行きたいです。私たち一緒に行きましょう。
 A: でも行きたいけどお金がありません。
 B: 私も時間はあるけどお金がありません。

★単語の整理　　体調や病院に関する語　　14

아프다	가렵다	몸살	두통	이	배	약	약국
痛い・具合が悪い	痒い	過労・だるさ	[頭痛]	歯	腹	[薬]	[薬局]

약을 먹다	의료보험	내과 [내꽈]*	소아과 [소아꽈]	치과 [치꽈]
薬を飲む	[医療保険]	[内科]	[小児科]	[歯科]

이비인후과 [이비이누꽈]	안과 [안꽈]	피부과 [피부꽈]
[耳鼻咽喉科]	[眼科]	[皮膚科]

산부인과 [산부인꽈]	임신
[産婦人科]	[妊娠]

*과(科)が他の語について接尾辞として使われるとき、과の発音は濃音꽈になります。

まとめの練習 ………………………………………………… 15

[1] 次の語を使って文を作ってみましょう。指示がなければ文末は해요体にし、さらに必要な助詞、語尾を補うこと。

① 그 사람/말/잇다　　彼は言葉を続けました。

____

② 커피/설탕/넣다/잘/젓다　　コーヒーに砂糖を入れてよく混ぜてください。

____

③ 이 새/나뭇가지/집/짓다　　この鳥は木の枝で巣を作ります。

____

④ 저것보다/이것/낫다　　あれよりこれがいいです。(보다：より)

____

⑤ 감기/다/낫다　　風邪はすっかり治りましたか。(합니다体で)

____

[2] 次の語を使って文を作ってみましょう。指示がなければ文末は해요体にし、さらに必要な助詞、語尾を補うこと。

① 자전거/타다/여행을 가다　　[自転車]に乗って旅行します。

____

② 한국 음식/맵다/맛있다　　韓国料理は辛いけどおいしいです。

____

③ 그 영화/보다/울다　　その[映画]を見て泣きました。

____

④ 저녁/먹다/드라마/보다　　夕飯を食べてドラマを見ました。(합니다体で)

____

⑤ 오늘/수업/있다/학교/안 가다　今日は[授業]があるけど学校に行きません。

____

3　次の日本語を韓国語に直してみましょう。文末は해요体にすること。

① この薬を飲んで、早くよくなって (治って) てください。
(으세요を使う)

____

② 駅から遠いけど空気 (공기) がきれいです。(きれいだ：깨끗하다)

____

③ ここに水を注ぎます。(注ぐ：붓다)

____

④ この店はおいしいし、値段 (가격) も安いです。(安い：싸다)

____

⑤ 雨が降ったけど試合 (시합) をしました。

____

▶この課の内容を理解できていたらチェックしましょう。できていない部分はもう一度テキストの該当部分に戻って確認してください。

- □ ㅅ変則用言
- □ 「けれども、が」＝ 지만
- □ 「て」＝ 고

第4課　ㄷ変則、接続語尾(2)

この課で学ぶこと

1. ㄷ変則用言　그 이야기는 친구에게서 **들었**어요.
   その話は友達から聞きました。
2. 「て、ので」= 아서/어서　백화점에 **가서** 가방을 샀어요.
   デパートに行って、カバンを買いました。
3. 「ので、から」= 니까/으니까
   시험이 있**으니까** 도서관에서 공부해요.
   [試験]があるので、[図書館]で勉強します。

第3課の復習　16

次の語を使って日本語に合うように文を作りましょう。文末は해요体にすること。

① 새로/집/짓다（新しく家を建てました）

② 이 건물/누가/짓다/으시다（この[建物]を誰がお作りになりましたか）

③ 한국어/어렵다/재미있다（[韓国語]は難しいけれども面白いです）

④ 저/학생/누나/회사원（私は[学生]で、姉は[会社員]です）

⑤ 저녁/먹다/드라마/보다（夕ご飯を食べてドラマを見ました）

1. ㄷ(디귿)変則用言〈ㄷ変〉

ㄷ変則用言は、ある条件のときパッチムのㄷがㄹに変わる点が特徴です。ㄹ語幹の用言とよく似た形になるので注意が必要です。

(1) ㄷ変則用言とは

ㄷ (디귿) 変則用言に属すのは、語幹の最後のパッチムがㄷである動詞の一部です。辞書では「ㄷ変」と表示されます。語幹の最後のパッチムがㄷであっても変則用言ではない場合もあるので、変則になる用言を一つ一つ覚えていきましょう。

걷다　歩く　語幹걷←――語幹最後のパッチムがㄷ

ㄷ変則　걷다(歩く)、듣다(聞く)、묻다(尋ねる)、싣다(載せる)など
正則(変則ではないもの)　닫다(閉める)、묻다(埋める)、받다(受け取る)など

(2) ㄷ変則用言の活用

ㄷ変則用言は、母音(아/어、으)で始まる語尾が続くとき語幹のパッチムㄷがㄹになります。

듣다　聞く　語幹**듣** + 으십니까 → **들**으십니까　お聞きになりますか
ㄷ + 으 → **ㄹ**+으
듣 + 었어요 → **들**었어요　聞きました
ㄷ + 어 → **ㄹ**+어

例) 선생님은 음악을 **들으십니까**? 先生は[音楽]をお聞きになりますか。
그 이야기는 친구에게서 **들었어요**. その話は友達から聞きました。

注意 ㄹ語幹の用言と形が似ているので、注意が必要です。

・들었습니다 → 聞きました（듣다）／入りました（들다）

・걸을 때 →「歩くとき」(걷다)　　걸 때 →「掛けるとき」(걸다)

	ㄷ変則 걷다（歩く）	ㄹ語幹 걸다（掛ける）	正則 믿다（信じる）
지 않아요（〜ません）	걷지 않아요	걸지 않아요	믿지 않아요
으세요/세요（〜てください）	**걸으세요**	거세요	믿으세요
았/었어요（〜ました）	**걸었어요**	걸었어요	믿었어요

練習 1 ……………… 17

例のように、次の用言に、1）〜으세요（〜てください）、2）〜았/었어요（〜ました）の表現をつけて言ってみましょう。

例）듣다 聞く → 들으세요、들었어요

① 싣다〈ㄷ変〉 載せる → ＿＿＿＿＿＿＿＿

② 깨닫다〈ㄷ変〉 気づく → ＿＿＿＿＿＿＿＿

③ 받다 受け取る → ＿＿＿＿＿＿＿＿

練習 2 ……………… 17

例のように、次の語を使って日本語の意味に合うように文を作りましょう。必要な助詞、語尾を補うこと。

例）음악/듣다（音楽を聞きますか）→ 음악을 **들어요**?

① 이 짐/차/싣다/어 주세요（この荷物を[車]に載せてください）

→ ＿＿＿＿＿＿＿＿

② 역/공원/걷다/었어요（[駅]から[公園]まで歩きました）

→ ______________________

③ 창문/닫다/았어요（窓を閉めました）

→ ______________________

2.「て、ので」＝語幹＋아서/어서

用言の語幹に接続語尾の아서/어서をつけると、先行する動作や原因・根拠を表し、「～て」あるいは「～ので」の意味になります。語幹＋아서/어서の形は母音が縮約されたり一緒になったりすることもあります。해요体の語幹＋아요/어요の形から요を取り서に入れ替えた形と考えると覚えやすいでしょう。なお、指定詞이다の場合は、母音終わりの名詞では여서、子音終わりの名詞では이어서の形、아니다は아니어서の形になります。

<table>
<tr><th colspan="2">語幹の種類</th><th>～て、～ので</th><th>例</th></tr>
<tr><td colspan="2">子音語幹（陽母音）</td><td>語幹＋아서</td><td>받다（受け取る）→ 받아서</td></tr>
<tr><td colspan="2">子音語幹（陰母音）</td><td>語幹＋어서</td><td>먹다（食べる）→ 먹어서</td></tr>
<tr><td>母音語幹
（母音脱落）</td><td>ㅏ ㅓ ㅕ ㅐ
ㅔで終わる語幹</td><td>語幹＋서</td><td>가다（行く）→ 가서、
서다（立つ）→ 서서、
펴다（広げる）→ 펴서、
보내다（送る）→ 보내서、
세다（数える）→세서</td></tr>
</table>

語幹の種類		～て、～ので	例
母音語幹 （母音縮約）	ㅗㅜㅣㅚ で終わる 語幹	**ㅘ서、ㅝ서、ㅕ서、ㅙ서**	보다（見る）→ 보아서 / 봐서、 주다（与える）→ 주어서 / 줘서、 마시다（飲む）→ 마셔서、 되다（なる）→ 되어서 / 돼서
하다用言		하여서→**해서**	공부하다（勉強する）→ 공부하여서 → 공부해서
指定詞이다、 아니다		**여서**（パッチム無） /**이어서**（パッチム有）、**아니어서**	선배이다（[先輩]だ）→ 선배여서、선배가 아니어서 학생이다（学生だ）→ 학생이어서、학생이 아니어서

例）과일을 **씻어서** 먹었어요. 果物を洗って食べました。〔先行する動作〕

앉아서 이야기해요. 座って話しましょう。

백화점에 **가서** 가방을 샀어요. デパートに行って、カバンを買いました。

길이 **막혀서** 늦었어요. 道が混んでいて遅れました。〔原因・根拠〕

비빔밥[비빔빱]을 아주 **좋아해서** 자주 먹어요.

ビビンバがとても好きで、よく食べます。

注意 해요体は、同じ形が叙述、疑問の意味で使われるだけでなく、命令（～しなさい）、勧誘（～しましょう）の意味でも使われます。

練習3 ……… 18

例のように、日本語に合うように2つの文を아서/어서を使ってつなげ、1つの文にしましょう。文末は해요体にすること。

例）백화점에 가다/가방을 사다（デパートに行って、カバンを買いました）

→ 백화점에 **가서** 가방을 샀어요.

① 아침에 일어나다/세수를 하다 (朝起きて顔を洗います)

→ ______________________________

② 열심히 공부하다/합격하다 (一生懸命勉強して[合格]しました)

→ ______________________________

③ 숙제가 많다/힘들다 ([宿題]が多くて大変でした)

→ ______________________________

3.「から、ので」＝語幹＋니까/으니까

用言の語幹に接続語尾니까/으니까をつけると、「～から、～ので」の意味になり、理由の意味を表します。パッチムのない母音語幹の用言には니까、パッチムがある子音語幹の用言には으니까をつけます。ㄹ語幹の用言ではㄹが脱落して니까がつきます。また、過去形の았/었の後にも接続します。

	母音語幹	ㄹ語幹	子音語幹
から、ので	語幹＋**니까**	語幹(**ㄹ脱落**)＋**니까**	語幹＋**으니까**

가다　行く　　母音語幹 가 ＋ **니까** → 가**니까**　行くので
멀다　遠い　　ㄹ語幹 머(**ㄹ脱落**) ＋ **니까** → 머**니까**　遠いので
있다　いる　　子音語幹 있 ＋ **으니까** → 있**으니까**　いるので
먹었다　食べた　　먹었 ＋ **으니까** → 먹었**으니까**　食べたから
학생이다　学生だ　　학생이 ＋ **니까** → 학생이**니까**　学生だから

例）시험이 **있으니까** 도서관에서 공부해요.
試験があるので、図書館で勉強します。

역에서 **머니까** 택시로 가고 싶어요.
駅から遠いので、タクシーで行きたいです。

많이 **먹었으니까** 더 못 먹어요. たくさん食べたので、もう食べられません。

학생**이니까** 돈이 없어요. 学生なので、お金がありません。

注意 理由・原因を表す場合の니까/으니까と아서/어서

文末に話し手の意志や相手への依頼、誘いを表す表現が使われるときには、니까/으니까が使われ、아서/어서は使われません。

비가 오니까 우산을 가지고 가세요. (○)
雨が降っているので傘を持って行ってください。

비가 와서 우산을 가지고 가세요. (×)

이 영화, 재미있으니까 꼭 보세요. (○)
この[映画]、面白いから是非見てください。

이 영화, 재미있어서 꼭 보세요. (×)

練習4 ………… 18

例のように、2つの文を日本語に合うように니까/으니까を使ってつなげ、1つの文にしましょう。

例) 시험이 있다/도서관에서 공부하다 (試験があるので、図書館で勉強します)

→ 시험이 **있으니까** 도서관에서 공부해요.

① 오늘은 바쁘다/내일 만나요 (今日は忙しいので、明日会いましょう)

→ ____________________

② 담배는 몸에 좋지 않다/피우지 마세요
(タバコは身体によくないので、吸わないでください)

→ ____________________

③ 내일은 일요일이다/학교에 안 가요
(明日は[日曜日]なので、[学校]に行きません)

→ ____________________

④ 그 가게는 역에서 멀다/택시로 가요
（その店は駅から遠いのでタクシーで行きましょう）

→ ______________________________

第４課 

19

次の会話を何度も発音してみましょう。また意味を確認しましょう。

① A: 어떤 음악을 좋아하세요?
B: 요즘은 한국 노래를 많이 들어요.
A: 저도 한국 노래를 좋아해요.
주로 누구 노래를 들으세요?
B: 이것저것 많이 듣습니다.

② A: 콘서트 홀까지 몇 분쯤 걸려요?
B: 걸어서 이십 분쯤 걸려요.
A: 오늘은 비가 오니까 버스를 타고 가요.
B: 네, 그러지요.

③ A: 주말에 같이 영화를 봐요.
B: 월요일에 시험이 있어서 여유가 없어요.
다음 주 토요일에 같이 가요.

会話で注意する発音

19

① 좋아하세요 [조아하세요]、한국 노래 [한궁노래]、많이 [마니]、좋아해요 [조아해요]　③ 같이 [가치]、다음 주 [다음쭈]

会話の単語

① 어떤：どんな、를/을 좋아하다：～が好きだ、요즘：最近、노래：歌、들어요→듣다〈ㄷ変〉：聞く、주로：主に、들으세요→듣다、이것저것：あれこれ

② 콘서트 홀：コンサートホール、쯤：～くらい、걸리다：掛かる、걸어서→걷다〈ㄷ変〉：歩く、비：雨、오다：降る、버스：バス、그러다：そうする、～지요：～ましょう

③ 주말：[週末]、같이 一緒に、여유：[余裕]、다음 주 来週

会話訳

① A: どんな音楽がお好きですか。
B: 最近は韓国の歌をたくさん聞きます。
A: 私も韓国の歌が好きです。主に誰の歌をお聞きになりますか。
B: あれこれたくさん聞きます。

② A:コンサートホールまで何分くらいかかりますか。
B: 歩いて20分くらいかかります。
A: 今日は雨が降っているのでバスに乗っていきましょう。
B: はい、そうしましょう。

③ A: 週末に一緒に映画を見ましょう。
B: 月曜日に試験があるので余裕がありません。来週の土曜日に一緒に行きましょう。

★単語の整理　趣味に関する語　20

음악감상	노래	영화감상	악기 연주	피아노	기타	스포츠
[音楽鑑賞]	歌	[映画鑑賞]	[楽器演奏]	ピアノ	ギター	スポーツ

야구	축구	배구	등산	요가	수영	수예	요리
[野球]	サッカー	バレーボール	[登山]	ヨガ	[水泳]	[手芸]	[料理]

まとめの練習 …… 21

1 次の語を使って文を作ってみましょう。指示がなければ文末を해요体にし、さらに必要な助詞、語尾を補うこと。

① 신문/광고/싣다　[新聞]に[広告]を載せました。

______

② 매일 아침/베토벤 음악/듣다　毎朝ベートーベンの音楽を聴きます。

______

③ 오늘/그/사실/깨닫다 *　今日その[事実]に気がつきました。(합니다体で)
*「～に気づく」は韓国語では 를/을 깨닫다となります。

______

④ 그 장소/점원/묻다/보다　その[場所]は[店員]に尋ねてみてください。

______

⑤ 선생님/말씀/잘/듣다/으세요　先生のお話をよくお聞きください。

______

2 次の語と括弧内の接続語尾を使い、文を作ってみましょう。指示がなければ文末を해요体にし、さらに必要な助詞、語尾を補うこと。

① 친구/만나다/같이/노래방/가다 (아서/어서)
友達に会って一緒にカラオケに行きます。

______

② 약속 시간/늦다/죄송하다 (아서/어서)
[約束]の[時間]に遅れて申し訳ありません。(합니다体で)

______

③ 교실/따뜻하다/잠이 오다 (니까/으니까)　[教室]が暖かくて眠くなります。

______

④ 학교/멀다/아침 일찍/집/나가다 (니까/으니까)
学校まで遠いので朝早く家を出ます。

______

⑤ 여기/비싸다/저 가게/가다 (니까/으니까)

ここは高いのであの店に行きましょう。

____

3 指示に従って、次の日本語を韓国語に直してみましょう。指示がなければ文末を해요体にすること。

① 私の（제）話（이야기）を聞いてください。

____

② アルバイト（아르바이트）をして韓国に行きたいです。

（아서/어서を使って）

____

③ 韓国の音楽が好きで韓国語を勉強しています。

（아서/어서、고 있다を使って）

____

④ 事情（사정）をよく（잘）知っているので心配はしません。

（니까/으니까を使って）（知る：알다、心配する：걱정하다）

____

⑤ たくさん歩いたので足（다리）が痛いです。

（니까/으니까を使って、합니다体で）（痛い：아프다）

____

▶この課の内容を理解できていたらチェックしましょう。できていない部分はもう一度テキストの該当部分に戻って確認してください。

□ ㄷ変則用言

□ 「て、ので」＝ 아서/어서

□ 「ので、から」＝ 니까/으니까

〈韓国語 ここに注意！〉　助詞

韓国語の助詞の使い方で、注意する点をまとめておきましたので、確認してください。

１.「を・に・が」と를/을

• 日本語では「に」を使うのに、韓国語では를/을を使うことがある。

→를/을 만나다（に会う）、를/을 타다（に乗る）で覚える。

友達に会います。친구를 만나요.

電車に乗ります。전철을 타요.

• 日本語では「が」を使うのに、韓国語では를/을を使うことがある。

→를/을 좋아하다（～が好きだ）で覚える。

音楽が好きです。음악을 좋아해요.

２.「から」と 에서・부터

• 場所を表す言葉には에서

家から駅まで　집에서 역까지

• 時間・順番を表す言葉には부터

１時から３時まで　1시부터 3시까지

１番から５番まで　1(일)번부터 5(오)번까지

３.「に」と 에・에게

• 人を表す言葉には에게

友達にプレゼントをあげました。친구에게 선물을 주었어요.

• 人以外の言葉には에

学校に行きます。학교에 가요.

第5課　ㅂ変則、接続語尾(3)

この課で学ぶこと

1. **ㅂ変則用言**　어제는 날씨가 아주 **더웠**어요.
昨日は（天気が）とても暑かったです。

2. **「と、れば、たら」= 면/으면**　조금 가**면** 은행이 보여요.
少し行くと[銀行]が見えます。

3. **「ても」= 아도/어도**　여기 앉**아도** 됩니까?
ここに座ってもいいですか。

第4課の復習　22

次の語を使って日本語に合うように文を作りましょう。文末は해요体にすること。

① 그 이야기/친구/듣다（その話は友達から聞きました）

② 선생님/음악/듣다/으세요（先生は[音楽]をお聞きになりますか）

③ 백화점/가다/가방/사다（デパートに行って、カバンを買いました）

④ 길/막히다/늦다（道が混んでいて遅れました）

⑤ 오늘/바쁘다/내일/만나다（今日は忙しいので、明日会いましょう）

1. ㅂ(비읍)変則用言〈ㅂ変〉

ㅂ変則用言は、ある条件のときパッチムのㅂが우に変わる点が特徴です。変則用言の中でも使用頻度が高い種類ですので、しっかり覚えましょう。

（1） ㅂ変則用言とは

ㅂ (비읍) 変則用言に属すのは、語幹の最後のパッチムがㅂである用言の多くで、特に形容詞の場合はほとんどが変則用言です。辞書では「ㅂ変」と表示されます。変則でない用言の方が少ないので、そちらを覚えておくとよいでしょう。

덥다　暑い　　語幹덥 ←—— 語幹最後のパッチムがㅂ

ㅂ変則　　가깝다 (近い)、덥다 (暑い)、돕다 (助ける)、어렵다 (難しい)、춥다 (寒い) など

正則 (変則ではないもの)　　뽑다 (抜く)、씹다 (噛む)、입다 (着る)、잡다 (捕まえる)、좁다 (狭い)、집다 (つまむ) など

（2） ㅂ変則用言の活用

ㅂ変則用言は、母音(아/어, 으)で始まる語尾が続くとき語幹のパッチムㅂが우になります。

덥다　暑い　　**덥** + 으니까 → **더우**니까　暑いから

ㅂ + 으　　→　**우** *

*語幹の最後が우になるので、母音語幹用の니까がつく。

덥 + 었어요 → **더웠**어요　暑かったです。

ㅂ + 어　　→　**워**

注意　後ろに아/어で始まる語尾が続くときは、すべて어がついて〜**워**になります。必ず縮約形 **워** を使うことにも注意してください。

ただし、**돕다** (助ける)、**곱다** (美しい) の場合だけは、아がついて〜

와 (도**와**、고**와**) となります。よく間違えるので、気をつけてください。

例) **더우니까** 창문을 닫지 마세요. 暑いので窓を閉めないでください。

어제는 날씨가 아주 **더웠어요.** 昨日は(天気が)とても暑かったです。

	ㅂ変則		**正則**
	가깝다 (近い)	덥다 (暑い)	입다 (着る)
지 않아요 (～ません)	가깝지 않아요	덥지 않아요	입지 않아요
으니까 (～から)	**가까우니까**	**더우니까**	입으니까
았/었어요 (～でした、ました)	**가까웠어요**	**더웠어요**	입었어요

練習 1 23

例のように、次の用言に、1) ～으니까 (～から)、2) ～았/었어요 (～ました) の表現をつけて言ってみましょう。

例) 덥다 → 더우니까、더웠어요

① 어렵다〈ㅂ変〉 難しい → ____________________

② 춥다〈ㅂ変〉 寒い → ____________________

③ 잡다 捕まえる → ____________________

練習 2 23

例のように、次の語を使って日本語の意味に合うように文を作りましょう。必要な助詞、語尾を補うこと。

例) 어제/덥다/었어요 (昨日は暑かったです) → 어제는 **더웠**어요.

① 오늘/아주/춥다/어요（今日はとても寒いです）

→ ______________________________

② 이 표현/어렵다/으니까/열심히/연습하다/세요

（この[表現]は難しいから一生懸命[練習]してください）

→ ______________________________

③ 좀/돕다/아 주세요（ちょっと手伝ってください）

→ ______________________________

④ 우리 집/역/가깝다/어요（私の家は[駅]から近いです）

→ ______________________________

2.「と、れば、たら」＝語幹＋면/으면

用言の語幹に接続語尾면/으면をつけると、「～れば、～たら」の意味になり、仮定の意味を表します。母音語幹、ㄹ語幹の用言には면、子音語幹の用言には으면をつけます。また、過去形の았/었の後にも接続します。

	母音語幹、ㄹ語幹	子音語幹
と、れば、たら	語幹＋**면**	語幹＋**으면**

가다 行く　　母音語幹 가 ＋ **면** → 가**면** 行くと

멀다 遠い　　ㄹ語幹 멀 ＋ **면** → 멀**면*** 遠ければ

＊語幹が子音終わりなのに、母音語幹と同じ면がつくことに注意。

있다 いる　　子音語幹 있 ＋ **으면** → 있**으면** あったら

먹었다 食べた　　먹었 ＋ **으면** → 먹었**으면** 食べたなら

학생이다 [学生]だ　　학생이 ＋ **면** → 학생이**면** 学生なら

例）조금 **가면** 은행이 보여요. 少し行くと銀行が見えます。

돈이 **있으면** 여행을 가고 싶어요.
お金があったら、[旅行]に行きたいです。

역에서 **멀면** 택시를 타세요.
駅から遠ければ、タクシーに乗るといいです。

점심을 안 **먹었으면** 지금 드세요.
昼食を食べていないのなら今お召し上がりください。

오십 점 이상**이면** 합격입니다. 50点以上であれば[合格]です。

練習 3 ……… 24

例のように、次の語を使って日本語の意味に合うように文を作りましょう。必要な語尾を補い、数字はハングルに直すこと。

例）조금 가다/은행이 보이다（少し行くと銀行が見えます）

→ 조금 **가면** 은행이 보여요.

① 고속 버스/타다/2시간쯤 걸리다/어요
（[高速]バスに乗ると2時間くらい掛かります）

→ ____________________

② 어떤 방법/쓰다/좋다/아요（どんな方法を使えばいいですか）

→ ____________________

③ 도착하다/연락/주다/세요（[到着]したら[連絡]をください）

→ ____________________

3.「ても」＝語幹＋아도/어도

用言の語幹に接続語尾の아도/어도をつけると、「〜ても」という譲歩や仮定の意味になります。語幹の最後の母音が陽母音のときは아도、陰母音のときは어도が使われます。母音語幹で母音の縮約や一緒になることがあるのも、해요体の아요/어요や接続語尾の아서/어서の場合と同じです。아요/어요の形から요を取って도に入れ替えた形と覚えるとよいでしょう。

語幹の種類		〜ても	例
子音語幹（陽母音）		語幹＋**아도**	받다（受け取る）→ 받아도
子音語幹（陰母音）		語幹＋**어도**	먹다（食べる）→ 먹어도
母音語幹 （母音脱落）	ㅏ ㅓ ㅕ ㅐ ㅔで終わる語幹	語幹＋**도**	가다（行く）→ 가도、 서다（立つ）→ 서도、 보내다（送る）→ 보내도、など
母音語幹 （母音縮約）	ㅗ ㅜ ㅣ ㅚ で終わる語幹	**ㅘ도、ㅝ도、** **ㅕ도、ㅙ도**	보다（見る）→ 보아도 / 봐도、 주다（与える）→ 주어도 / 줘도、 마시다（飲む）→ 마셔도、など
하다用言		하여서→**해도**	공부하다（勉強する）→ 공부하여도 → 공부해도
指定詞이다、아니다		**여도**（パッチム無）/**이어도**（パッチム有）、**아니어도**	선배이다（[先輩]だ）→ 선배여도、선배가 아니어도 학생이다（学生だ）→ 학생이어도、학생이 아니어도

例）여기 **앉아도** 됩니까?*　ここに座ってもよろしいですか。

약을 **먹어도** 감기가 낫지 않아요.　[薬]を飲んでも風邪が治りません。

에어컨을 **켜도** 여전히 더워요. エアコンをつけても相変わらず暑いです。

눈이 **와도** 춥지 않아요 雪が降っても寒くないです。

지금 **질문해도** 돼요?* 今[質問]してもよいですか。

*아도/어도 되다で「～てもよい」と覚えておくとよい。

練習4 ……………………………………………… 24

例のように、次の語を使って日本語の意味に合うように文を作りましょう。

例）여기 앉다/되다/ㅂ니까（ここ、座ってもよろしいですか）

→ 여기 **앉아도** 됩니까?

① 비싸다/사고 싶다/어요（高くても買いたいです）

→ ＿＿＿＿＿＿＿＿＿＿＿＿＿＿＿＿＿＿＿＿＿＿＿＿

② 사진을 찍다/되다/어요（[写真]を撮ってもいいですか）

→ ＿＿＿＿＿＿＿＿＿＿＿＿＿＿＿＿＿＿＿＿＿＿＿＿

③ 아무리/어렵다〈ㅂ変〉* /포기하다/지 마세요

（どんなに難しくてもあきらめないでください）

→ ＿＿＿＿＿＿＿＿＿＿＿＿＿＿＿＿＿＿＿＿＿＿＿＿

*変則用言に注意すべき場合は、変則用言の表示を付しました。

第５課 

25

次の会話を何度も発音してみましょう。また意味を確認しましょう。

① A: 일본은 지금 너무 더워요. 한국은 어떻습니까?
B: 한국도 마찬가지예요. 올해는 작년보다 더 더워요.
A: 너무 더우니까 팥빙수를 먹고 싶어요.
B: 네, 팥빙수를 먹으면 시원하니까 같이 먹어요.

② A: 민수 씨, 이사 갔어요?
B: 네, 지난달에 이사했어요.
주말에 시간이 있으면 우리 집에 오세요.
A: 정말이에요? 가고 싶어요. 지연 씨도 같이 가도 되죠?
B: 물론이에요. 12시쯤에 오세요.

③ A: 이 문제, 어려워요.
B: 너무 어려우면 선생님에게 물어보세요.

会話で注意する発音

25

① 어떻습니까 [어떠씀니까]、작년 [장년]、같이 [가치]

会話の単語

① 너무 : あまりに、더워요→덥다〈ㅂ変〉: 暑い、어떻다 : どうだ、마찬가지 : 同じ、올해 : 今年、작년 : [昨年]、보다 : ～より、더 : もっと、さらに、더우니까→덥다、팥빙수 : (小豆入りの) かき氷、시원하다 : 涼しい

② 이사(를) 가다 : 引っ越しする、지난달 : 先月、주말 : [週末]、정말 : 本当、

지연：チヨン（人の名）、되다：よい、죠：～でしょ、～でしょうか、물론：もちろん、쯤：頃

③ 문제：[問題]、어려워요→어렵다〈ㅂ変〉：難しい、어려우면→어렵다、물어→묻다〈ㄷ変〉：尋ねる、聞く

会話訳

① A: 日本は今とても暑いです。韓国はどうですか。

B: 韓国も同じです。今年は昨年よりもさらに暑いです。

A: あまりに暑いのでかき氷を食べたいです。

B: はい、かき氷を食べると涼しいので一緒に食べましょう。

② A: ミンスさん、引っ越ししたのですか。

B: はい、先月引っ越ししました。週末に時間があったら我が家に来てください。

A: 本当ですか。行きたいです。チヨンさんも一緒に行ってもいいですよね。

B: もちろんです。12時ごろ来てください。

③ A: この問題、難しいです。

B: あまりに難しければ先生に聞いてみてください。

★単語の整理　天気や気候に関する語　26

맑음	비	눈	흐림	구름	햇빛	덥다	따뜻하다	시원하다
晴れ	雨	雪	曇り	雲	日差し	暑い	暖かい	涼しい

춥다	쌀쌀하다	개다	흐리다	날씨	태풍	호우	기온
寒い	冷え冷えする	晴れる	曇る	天気	台風	[豪雨]	[気温]

강수량	일기예보
[降水量]	天気 [予報]

まとめの練習　27

1 次の語を使って文を作ってみましょう。文末を해요体にし、さらに必要な助詞、語尾を補うこと。

① 집/학교/가깝다　家から[学校]まで近いですか。

____

② 숙제/어렵다/으니까/선생님/질문하다
[宿題]が難しかったので先生に質問しました。

____

③ 눕다/어서/책/읽다/눈/안 좋다　寝そべって本を読むと目に良くありません。

____

④ 너무/춥다/으니까/옷/더/입다/으세요
とても寒いので服をもっと着てください。

____

⑤ 일/많다/으니까/돕다/주세요　仕事が多いので手伝ってください。

____

2 次の語を使って文を作ってみましょう。指示がなければ文末を해요体にし、必要な助詞、語尾を補い、数字もハングルにすること。

① 야채/많이 먹다/몸/좋다　[野菜]をたくさん食べると体にいいです。

____

② 교실/점심/먹다/되다　[教室]で昼食を食べてもいいですか。

____

③ 1 교시 수업/지각하다/안 되다　1時間目の[授業]に[遅刻]してはいけません。

____

④ 접수/어디/하다/되다　受け付けはどこですればいいですか。

____

⑤ 아무리/맛있다/너무 많이/먹다/안 되다
どんなにおいしくてもあまりにたくさん食べてはいけません。（합니다体で）

＿＿＿＿＿＿＿＿＿＿＿＿＿＿＿＿＿＿＿＿＿＿＿＿＿＿＿＿＿＿

3 次の日本語を韓国語に直してみましょう。文末を해요体にすること。

① 沖縄はとても暑かったです。

＿＿＿＿＿＿＿＿＿＿＿＿＿＿＿＿＿＿＿＿＿＿＿＿＿＿＿＿＿＿

② この本が難しければ、あの本を読みましょう。（読む：읽다）
（「～ましょう」は해요体）

＿＿＿＿＿＿＿＿＿＿＿＿＿＿＿＿＿＿＿＿＿＿＿＿＿＿＿＿＿＿

③ どんな（아무리）に面白くてもテレビ（텔레비전）ばかり（만）見てはいけません。（面白い：재미있다）

＿＿＿＿＿＿＿＿＿＿＿＿＿＿＿＿＿＿＿＿＿＿＿＿＿＿＿＿＿＿

④ 寒くても窓（창문）を閉めないでください。（閉める：닫다）

＿＿＿＿＿＿＿＿＿＿＿＿＿＿＿＿＿＿＿＿＿＿＿＿＿＿＿＿＿＿

⑤ 公園までは近いので歩いて行きましょう。
（「歩いて」は아서/어서を使う）

＿＿＿＿＿＿＿＿＿＿＿＿＿＿＿＿＿＿＿＿＿＿＿＿＿＿＿＿＿＿

▶この課の内容を理解できていたらチェックしましょう。できていない部分はもう一度テキストの該当部分に戻って確認してください。

- □ ㅂ変則用言
- □ 「と、れば、たら」＝ 면/으면
- □ 「ても」＝ 아도/어도

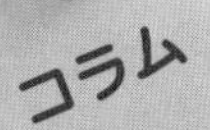

〈韓国語 ここに注意！〉 動詞・形容詞文と名詞文

韓国語では動詞・形容詞と名詞で後ろにつく語尾の形が違うことがあります。よく間違う部分ですので、注意点をまとめておきます。

1．否定形

- 動詞・形容詞は、語幹に지 않다をつける。

  가다（行く）　**가지 않아요. 行きません。**

- 名詞には、가/이 아니다をつける。

  학생（学生）　**학생이 아니에요. 学生ではありません。**

2．해요体

- 動詞・形容詞は、語幹に아요/어요をつける。

  먹다（食べる）　**먹어요. 食べます。**

- 名詞には、예요/이에요をつける。

  후배예요. 後輩です。　　**학생이에요. 学生です。**

3．해요体の尊敬

- 動詞・形容詞は、語幹に세요/으세요をつける。

  가다（行く）　**가세요? いらっしゃいますか。**

  받다（受け取る）　**받으세요? 受け取りますか。**

- 名詞には、세요/이세요をつける。

  다나카 씨（田中さん）　**다나카 씨세요? 田中さんですか。**

  선생님（先生）　**선생님이세요? 先生ですか。**

第 6 課　으変則、接続語尾(4)

この課で学ぶこと

1. 으変則用言　머리가 **아파**서 병원에 갔어요.
   頭が痛くて[病院]に行きました。
2. 「(し)に」= 러/으러　친구를 만나**러** 요코하마에 가요.
   友達に会いに横浜に行きます。
3. 「(し)ようと」= 려고/으려고
   시험에 붙**으려고** 열심히 공부했어요.
   [試験]に受かろうと一生懸命勉強しました。

第５課の復習　28

次の語を使って日本語に合うように文を作りましょう。文末は해요体にすること。

① 어제/날씨/아주/춥다 (昨日は(天気が)とても寒かったです)

② 덥다/창문/닫다/지 마세요 (暑いので窓を閉めないでください)

③ 조금/가다/은행/보이다 (少し行くと[銀行]が見えます)

④ 사진/찍다/되다 ([写真]を撮ってもいいですか)

⑤ 숙제/어렵다/으니까/선생님/질문하다
([宿題]が難しかったので先生に[質問]しました) (尊敬の助詞を使うこと)

1. 으変則用言〈으変〉

으変則用言は、ある条件のとき語幹最後の母音「ㅡ」がなくなります。なお、母音語幹で最後の母音が「ㅡ」の用言は、すべて変則用言です。大部分は으変則用言ですが、一部は第７課で学ぶ르変則用言に属す用言もありますので、注意が必要です。

(1) 으変則用言とは

으変則用言に属すのは、語幹最後の母音が「ㅡ」である用言の大部分です。辞書では「으変」と表示されます。

바쁘다 忙しい　　語幹바쁘 ←―― 語幹最後の母音が「ㅡ」

으変則　　바쁘다（忙しい）、아프다（痛い）、크다（大きい）など

注意　語幹の最後が「르」で終わる用言の多くは、르変則用言（第７課参照）になります。

모르다（知らない）、부르다（呼ぶ）など

(2) 으変則用言の活用

으変則用言は、母音아/어で始まる語尾が続くとき語幹最後の母音「ㅡ」がなくなります。語尾の母音がㅏになるかㅓになるかは、**「ㅡ」の前の母音が陽母音か陰母音か**によります。なお，**語幹が１音節（１文字）のときはかならずㅓ**になります。それから、これまでの変則用言と違い、変化するのは母音아/어で始まる語尾のときだけです。

아프다 痛い　　아프 ＋ 아서 → **아파**서 痛くて

陽母音ㅏ ㅡ ＋ 아 → **ㅏ**

기쁘다 うれしい　　기쁘 + 었어요 → **기뻤**어요. うれしかったです。
陰母音ㅣ ㅡ + 어 → ㅓ

쓰다 書く　　쓰 + 어 → **써** 書いて
語幹1音節ㅡ + 어 → ㅓ

例）머리가 **아파서** 병원에 갔어요. 頭が痛くて病院に行きました。
시험에 합격해서 정말 **기뻤어요.** 試験に[合格]して本当にうれしかったです。
여기에 성함을 **써** 주세요. ここにお名前をお書きください。

	아프다（痛い）	기쁘다（うれしい）	쓰다（書く·使う）
지 않아요（~ません）	아프지 않아요	기쁘지 않아요	쓰지 않아요
니까（~から）	아프니까	기쁘니까	쓰니까
았/었어요（~でした、ました）	**아팠어요**	**기뻤어요**	**썼어요**

練習1 ······ 29

例のように、次の用言に、1）~아요/어요（~です）、2）~았/었어요（~でした、かったです）の表現をつけて言ってみましょう。

例）아프다 → 아파요、아팠어요

① 예쁘다 きれいだ → ____________________

② 바쁘다 忙しい → ____________________

③ 크다 大きい → ____________________

練習2 ······ 29

例のように、次の語を使って日本語の意味に合うように文を作りましょう。文末は해요体にし、必要な助詞、語尾を補うこと。

例）머리/아프다（頭が痛かったです）→ 머리가 **아팠어요**.

① 오늘/아주/바쁘다（今日はとても忙しいです）

→ ______________________________

② 이 꽃/아주/예쁘다（この花はとてもきれいです）

→ ______________________________

③ 친구/편지/쓰다（友達に手紙を書きました）

→ ______________________________

2.「(し)に」＝語幹＋러/으러

動詞の語幹に接続語尾러/으러をつけると、「〜（し）に」の意味になり、動作の目的を表します。母音語幹、ㄹ語幹の用言には러、子音語幹の用言には으러をつけます。러/으러の後ろには가다（行く）、오다（来る）が続くことが多いので、러/으러 가다(오다)（〜（し）に行く（来る））の形を覚えておくとよいでしょう。

	母音語幹、ㄹ語幹	子音語幹
（し）に	語幹＋**러**	語幹＋**으러**

만나다　会う　　母音語幹 만나 + **러** → 만나**러**　会いに
놀다　遊ぶ　　ㄹ語幹 놀　+ **러** → 놀**러**　遊びに
찾다　探す　　子音語幹 찾 + **으러** → 찾**으러**　探しに

例）친구를 **만나러** 요코하마에 가요.　友達に会いに横浜に行きます。
어제 친구가 집에 **놀러** 왔어요.　昨日友達が家に遊びに来ました。
책을 **찾으러** 도서관에 가요.　本を探しに[図書館]に行きます。

練習3 30

例のように、러/으러と次の語句を使って日本語の意味に合うように文を作りましょう。必要な語尾を補い、文末は해요体にすること。

例）친구를 만나다/요코하마에 가다（友達に会いに横浜に行きます）

→ 친구를 **만나러** 요코하마에 가요.

① 한국어를 공부하다/오다（[韓国語]を勉強しに来ました）

→ ____________________

② 점심을 먹다/식당에 가다（昼ご飯を食べに[食堂]に行きます）

→ ____________________

③ 통장을 만들다/은행에 가다（[通帳]を作りに銀行に行きます）

→ ____________________

3.「(し)ようと」＝語幹＋려고/으려고

動詞の語幹に接続語尾の려고/으려고をつけると「～(し)ようと」という意図を表す表現になります。母音語幹、ㄹ語幹の用言には려고、子音語幹の用言には으려고をつけます。려고/으려고 하다の形で使われると、「～ようと思う、～ようとする」という意味になります。なお、話し言葉では，ㄹ려고/을려고という形もよく使われます。

	母音語幹、ㄹ語幹	子音語幹
(し)ようと	語幹＋**려고**	語幹＋**으려고**

가다 行く　　母音語幹 가 + **려고** → 가**려고** 行こうと
만들다 作る　　ㄹ語幹 만들 + **려고** → 만들**려고** 作ろうと
붙다 付く・受かる　　子音語幹 붙 + **으려고** → 붙**으려고** 受かろうと

例）여행을 **가려고** 아르바이트를 했어요.
[旅行]に行こうとアルバイトをしました。

저녁에 불고기를 **만들려고** 소고기를 샀어요.
夕食にプルゴギを作ろうと牛肉を買いました。

시험에 **붙으려고** 열심히 공부했어요.
試験に受かろうと一生懸命勉強しました。

오늘은 일찍 자**려고 해**요. 今日は早く寝ようと思います。

練習 4 ………………………………………… 30

例のように、려고/으려고と次の語句を使って日本語の意味に合うように文を作りましょう。必要な助詞、接続語尾を補うこと。

例）여행/가다/아르바이트/했어요（旅行に行こうとアルバイトをしました）

→ 여행을 **가려고** 아르바이트를 했어요.

① 친구/보내다/김/샀어요（友達に送ろうと海苔を買いました）

→ ____________________

② 사진/찍다/공원/갔어요（写真を撮ろうと[公園]に行きました）

→ ____________________

③ 입학하다/기숙사/살다/해요（[入学]したら、寮で暮らそうと思います）

→ ____________________

第6課 

31

次の会話を何度も発音してみましょう。また意味を確認しましょう。

① A: 내일 시간이 있으세요?
B: 내일은 좀 바빠요. 왜요?
A: 같이 영화를 보려고요.
B: 토요일이면 시간이 있어요. 토요일은 괜찮아요?
A: 네, 그럼 토요일에 가요.

② A: 김치찌개를 만들려고 해요.
어떤 재료가 필요해요?
B: 일단, 김치, 돼지고기, 양파, 대파, 그리고 파란 고추도 있으면 좋아요.
참치를 넣어도 맛있어요. 같이 만들어요.
A: 그래요? 그럼 우리 슈퍼에 재료를 사러 가요.

③ A: 어제는 뭘 했어요?
B: 축구 경기를 보러 갔어요.
A: 정말요? 저도 표를 사려고 했지만 매진이었어요.
부러워요.

会話で注意する発音 31

① 같이 [가치]、괜찮아요 [괜차나요]　② 일단 [일딴]、좋아요 [조아요]、넣어도 [너어도]　③ 정말요 [정말료]

会話の単語

① 내일：明日、좀：ちょっと、바빠요→바쁘다〈으変〉：忙しい、왜：なぜ・どうして、~요：~です・ですか（丁寧さを表す語尾）、같이：一緒に、영화：[映画]、토요일：[土曜日]、괜찮다：かまわない・大丈夫だ、그럼：では

② 김치찌개：キムチチゲ、하다：する・思う、어떤：どんな、재료：[材料]、필요하다：[必要]だ、일단：とりあえず、돼지고기：豚肉、양파：玉ねぎ、대파：白ネギ、파란 고추：青唐辛子、참치：ツナ、넣다：入れる、맛있다：おいしい、그래요：そうですか、슈퍼：スーパー

③ 어제：昨日、뭘：何を（무엇을の縮約形）、축구：サッカー、경기：試合・[競技]、정말：本当、표：チケット、매진：売り切れ、부러워요→부럽다〈ㅂ変〉：うらやましい

会話訳

① A: 明日時間がおありですか。
B: 明日はちょっと忙しいです。どうしてですか。
A: 一緒に映画を見ようと思いまして。
B: 土曜日なら時間があります。土曜日は大丈夫ですか。
A: はい、では土曜日に行きましょう。

② A: キムチチゲを作ろうと思います。どんな材料が必要ですか。
B: とりあえず、キムチ、豚肉、玉ねぎ、白ネギ、それに青唐辛子もあるといいです。ツナを入れてもおいしいです。一緒に作りましょう。
A: そうですか。では私たち、スーパーに材料を買いに行きましょう。

③ A: 昨日は何をしましたか。
B: サッカーの試合を見に行きました。
A: 本当ですか。私もチケットを買おうとしましたが売り切れでした。うらやましいです。

★単語の整理　よく耳にする韓国料理　32

비빔밥 [비빔빱]	돌솥비빔밥 [~빱]	국밥	국수	된장찌개
ビビンバ	石焼ビビンバ	クッパ (スープごはん)	ククス (うどんに似た料理)	味噌チゲ

김치찌개	순두부찌개	떡볶이	김밥 [김빱]	불고기	갈비
キムチチゲ	スンドゥブチゲ	トッポッキ	キンパプ (海苔巻き)	プルゴギ	カルビ

닭갈비	삼계탕	짜장면	라면
タッカルビ	サムゲタン	ジャージャー麺 (韓国式)	ラーメン

まとめの練習　33

1 次の語を使って文を作ってみましょう。必要な助詞、語尾を補い、文末は해요体にすること。

① 이 영화/내용/슬프다　この映画は[内容]が悲しかったです。

____

② 오늘/바쁘다/아서/시간/없다　今日は忙しくて時間がありません。

____

③ 시간/있다/편지/쓰다/주세요　[時間]があれば手紙を書いてください。

____

④ 그 소식/듣다/고/정말/기쁘다　その知らせを聞いて本当に嬉しかったです。

____

2 次の語を使って文を作ってみましょう。必要な助詞、語尾を補い、文末は해요体にすること。

① 한국어/공부하다/서울/가다　韓国語を勉強しにソウルに行きます。

____

② 친구/놀다/공원/가다　友達と遊ぼうと公園に行きました。

____

③ 표/예매하다/인터넷 사이트/검색하다 (前もって買う：예매하다)
チケットを前もって買おうとインターネットサイトを[検索]しました。

____

④ 스키/타다/홋카이도/가다/고 싶다 (スキーをする：스키를 타다)
スキーをしに北海道に行きたいです。

____

3 次の日本語を韓国語に直してみましょう。指示がなければ文末は해요体にすること。

① 試験に合格 (합격) しようと一生懸命勉強しました。(합니다体で)

____

② 韓国料理を食べに食堂に行きました。

____

③ 弟 (남동생) は背が高いです。(背が高い：키가 크다)

____

④ 風邪をひいて頭が痛いです。(風邪をひく：감기에 걸리다)

____

▶この課の内容を理解できていたらチェックしましょう。できていない部分はもう一度テキストの該当部分に戻って確認してください。

- □ 으変則用言
- □ 「(し)に」= 러/으러
- □ 「(し)ようと」= 려고/으려고

第7課　르変則、不可能の表現、助詞

この課で学ぶこと

1. **르変則用言**　한국 노래를 **불러** 주세요.　[韓国]の歌を歌ってください。
2. **不可能の表現　지 못하다、못**
   오늘은 일이 있어서 가**지 못해요**(**못** 가요).　今日は仕事があって行けません。
3. **助詞　○○より＝○○보다、○○の＝○○의**
   저**보다** 키가 커요.　私より背が高いです。　한국**의** 인상　韓国の[印象]

第6課の復習　　34

次の語を使って日本語に合うように文を作りましょう。文末は해요体にすること。

① 머리/아프다/아서/병원/가다（頭が痛くて[病院]に行きました）

② 여기/성함/쓰다/주세요（ここにお名前をお書きください）

③ 어제/친구/집/놀다/오다（昨日友達が家に遊びに来ました）

④ 시험/붙다/열심히/공부하다（[試験]に受かろうと一生懸命勉強しました）

1. 르変則用言〈르変〉

르変則用言は、ある条件のとき語幹最後の「르」が「ㄹ르」に変わります。

(1) 르変則用言とは

르変則用言に属すのは、語幹の最後が「르」である用言の大部分です。辞書では「르変」と表示されます。

모르다 知らない　　語幹모르←── 語幹の最後が「르」

르変則　다르다（異なっている）、모르다（知らない）、부르다（呼ぶ）など

注意　語幹の最後が「르」で終わる用言の大部分は르変則用言ですが、いくつかの用言は으変則用言ですので、注意しましょう。

따르다（従う）、치르다（支払う）など → 으変則（→６-１）

(2) 르変則用言の活用

르変則用言は、母音아/어で始まる語尾が続くとき語幹最後の「르」が「ㄹㄹ」に変わります。으変則と同じように、語尾の母音がㅏになるかㅓになるかは**「르」の前の母音が陽母音か陰母音か**によります。

마르다 渇く　　마르 + 아서 → **말라서** 渇いて
陽母音ㅏ 르 + 아 → **ㄹㄹ+ㅏ**

부르다 歌う　　부르 + 어 → **불러** 歌って
陰母音ㅜ 르 + 어 → **ㄹㄹ+ㅓ**

例）목이 **말라서** 주스를 마셨어요.　のどが渇いてジュースを飲みました。

한국 노래[한궁 노래]를 **불러** 주세요.　韓国の歌を歌ってください。

	마르다 (渇く)	부르다 (歌う)
지 않아요 (～ません)	마르지 않아요	부르지 않아요
니까 (～から)	마르니까	부르니까
았/었어요 (～でした、ました)	**말랐어요**	**불렀어요**

練習 1 ······ 35

例のように、次の用言に、1）～아요/어요（～です、ます）、2）～았/었어요（～ました）の表現をつけて言ってみましょう。

例）부르다 → 불러요、불렀어요

① 빠르다 速い → ____________

② 모르다 知らない、わからない → ____________

③ 누르다 押す → ____________

練習 2 ······ 35

例のように、次の語を使って日本語の意味に合うように文を作りましょう。必要な助詞、語尾を補うこと。

例）노래/부르다/주세요 (歌を歌ってください) → 노래를 **불러** 주세요.

① 한국어/아직/서투르다/어요 ([韓国語]はまだ下手です)

→ ____________

② 수박/있다/으니까/자르다/아서/먹다/어요 (スイカがあるから切って食べましょう)

→ ____________

③ 택시/가다/면/더/빠르다/아요 (タクシーで行けばもっと速いです)

→ ____________

2. 不可能の表現

(1) 語幹＋ 지 못하다

動詞の語幹に지 못하다[모타다]という表現をつけると、「～できない」という意味になり、不可能を表します。否定を表す지 않다と形が似ていますが、意味が違うので注意しましょう。

가다　行く　　가 + **지 못하다** → 가**지 못하다**　行けない
먹다　食べる　　먹 + **지 못하다** → 먹**지 못하다**　食べられない

例）오늘은 일이 있어서 **가지 못해요**.　今日は仕事があって行けません。
이 김치는 아주 매워서 **먹지 못해요**.　このキムチはとても辛くて食べられません。

(2) 못＋動詞

動詞の前に못という表現をつけても、「～できない」という不可能の意味になります。この表現は話し言葉でよく使われます。否定を表す안と似た使い方をしますが、意味は違います。

가다　行く　　**못** 가다　行けない
먹다　食べる　　**못** 먹다*　食べられない
*発音は鼻音化が起こって [몬 먹따] となります。

例）오늘은 일이 있어서 **못** 가요.　今日は仕事があって行けません。
이 김치는 아주 매워서 **못** 먹어요.　このキムチはとても辛くて食べられません。

注意　못を하다用言に使うときは、하다の直前に못を入れます。
전화하다 [電話]する → 전화 **못** 하다　電話できません。
일이 바빠서 전화 **못** 했어요.　仕事が忙しくて電話できませんでした。

練習3 ……………………………………………… 36

例のように、지 못하다、못と次の語句を使って日本語の意味に合うように文を作りましょう。文末は해요体にして、必要な助詞や語尾を補うこと。

例）일/있다/어서/가다（仕事があって行けませんでした）

→ 일이 있어서 **가지 못했어요/못 갔어요**.

① 너무/졸리다/아서/선생님 말씀/듣다〈ㄷ変〉

（あまりに眠くて先生の話を聞くことができませんでした）

→ ________________________________

② 저/술/마시다（私はお酒は飲めません）

→ ________________________________

③ 이/아프다〈으変〉/아서/먹다（歯が痛くて食べられません）

→ ________________________________

……………………………………………………………………

3. 助詞

(1) ○○より＝○○보다

比較を表す「より」に対応する助詞は보다です。パッチムの有無に関係なく、名詞に보다がつきます。

例）버스**보다** 전철이 더 빨라요.　バスより電車がもっと速いです。

동생은 저**보다** 키가 커요.　弟は私より背が高いです。

(2) ○○の＝○○의

日本語の「の」にあたる助詞として의があります。ただし、話し言葉では省略されることが多く、日本語で「の」を使うところでも의を使

わない場合が多くあります。また、表記は의ですが、助詞として使う場合は通常［에］と発音されるので注意してください。

例）어머니**의** 사진　母の[写真]　　　한국**의** 인상　韓国の印象

注意　의を使わない場合

韓国語では학교 앞（学校の前）のように、앞（前）、옆（隣・横）など位置に関係する言葉の前では의を使いません。名詞の後に直接位置を表す言葉が続きます。

練習４ ……………………………………………… 36

次の語句と보다あるいは의を使って、日本語の意味に合うように文を作りましょう。文末は해요体にして必要な助詞や語尾を補うこと。

例）버스/전철/더/빠르다（バスより電車がもっと速いです）

→ 버스**보다** 전철이 더 빨라요.

① 어제/날씨/춥다〈ㅂ変〉（昨日より天気が寒いです）

→ ________________________________

② 저/사과/딸기/좋아하다（私はリンゴよりイチゴが好きです）

→ ________________________________

③ 그 이야기/듣다/고/감격/눈물/흘리다

（その話を聞いて[感激]の涙を流しました）

→ ________________________________

④ 한국/역사/공부하다（韓国の[歴史]を勉強しました）

→ ________________________________

第7課 

37

次の会話を何度も発音してみましょう。また意味を確認しましょう。

① A: 이 한국어 문장, 읽어 보세요.
B: 단어가 어려워서 이해를 잘 못 했어요.
A: 사전을 찾아보세요.
B: 단어의 뜻을 아니까 이제 이해가 됩니다.

② A: 고등학교 때 무슨 과목을 좋아했어요?
B: 저는 음악이 제일 좋았어요.
노래를 좋아해서 많이 불렀어요.
A: 그래요? 저는 음악보다 체육 시간이 더 좋았어요.
저는 노래를 잘 못 불러요.
B: 노래를 부르면 즐거워요.
다음에 같이 연습해요.

③ A: 서울의 인상, 어때요?
B: 사람이 너무 많아서 복잡해요.
그리고 대부분의 사람들은 걸음이 빨라요.
A: 도쿄 사람들보다 빨라요?
B: 저는 그렇게 느꼈어요.

会話で注意する発音 37

① 읽어 [일거]、못 했어요 [모태써요]、단어의[다너에]

② 좋아했어요 [조아해써요]、좋았어요 [조아써요]、많이 [마니]、같이 [가치]、연습해요 [연스패요]

③ 서울의 [서우레]、많아서 [마나서]、복잡해요 [복짜패요]、대부분의 [대부부네]、그렇게 [그러케]

会話の単語

① 문장：文・[文章]、읽다：読む、단어：[単語]、어려워서→어렵다〈ㅂ変〉：難しい、이해：理解、사전을 찾다：辞書をひく、뜻：意味、아니까→알다：わかる、이해(가) 되다：理解できる

② 고등학교：高校、무슨：何の、과목：[科目]、좋아하다：好む・好きだ、음악：[音楽]、제일：一番、좋다：好きだ・よい、노래：歌、불렀어요→부르다〈ㄹ変〉：歌う、그래요：そうですか、체육：[体育]、시간：[時間]、더：もっと、잘：上手に、불러요→부르다、즐거워요→즐겁다〈ㅂ変〉：楽しい、다음에：今度、연습하다：[練習]する

③ 인상：印象、어때요：どうですか、사람：人、너무：あまりに、복잡하다：混んでいる、그리고：そして、대부분：[大部分]、걸음：歩み、들：～たち、빨라요→빠르다〈ㄹ変〉：速い、그렇게：そのように、느끼다：感じる

会話訳

① A: この韓国語の文章、読んでみてください。

B: 単語が難しくてよく理解できませんでした。

A: 辞書をひいてみてください。

B: 単語の意味がわかったので今度は理解できます。

② A: 高校のとき何の科目が好きでしたか。

B: 私は音楽が一番好きでした。歌が好きでたくさん歌いました。

A: そうですか。私は音楽より体育の時間がもっと好きでした。私は歌が上手に歌えません。

B: 歌を歌うと楽しいです。今度一緒に練習しましょう。

③ A: ソウルの印象、どうですか

B: 人がとても多くて混雑しています。それに大部分の人たちは歩くのが速いです。

A: 東京の人たちよりも速いですか。

B: 私はそう感じました。

★**単語の整理**　学校の科目に関する語　38

국어	산수	수학	영어	과학*	사회	미술	음악
[国語]	[算数]	[数学]	[英語]	理科	[社会]	[美術]	[音楽]

체육	가정	기술	도덕	국사	세계사	지리	화학
[体育]	[家庭]	[技術]	[道徳]	[国史] (韓国史)	[世界史]	[地理]	[化学]

물리	생물	한문
[物理]	[生物]	[漢文]

＊韓国では「理科」に当たる科目を과학[科学]と言います。

まとめの練習　39

1 次の語を使って文を作ってみましょう。文末は해요体にし、さらに必要な助詞、語尾などを補うこと。

① 이 문제/답/모르다　　この[問題]の答えを知りません。

____

② 목/마르다/아서/물/마시다　　のどが渇いて水を飲みました。

____

③ 여기/누르다/주세요　　　ここを押してください。

____

④ 한국 노래/어렵다〈ㅂ変〉/어서/부르다　韓国の歌は難しくて歌えません。

____

⑤ 덥다〈ㅂ変〉/어서/머리/자르다　暑いので髪を切りました。

____

2　次の語を使って文を作ってみましょう。文末は해요体にし、さらに必要な助詞、語尾を補うこと。

① 어제/늦게/자다/아서/일찍/일어나다/지 못하다

昨日遅く寝たので早く起きられませんでした。

____

② 간식/많이/먹다/어서/저녁/못/먹다

おやつをたくさん食べたので夕食を食べられませんでした。

____

③ 이/유적지/비밀/알다/세요?

この遺跡の[秘密]をご存じですか？（助詞「の」を入れて）

____

④ 지금/한국/대통령/누구

今韓国の[大統領]は誰ですか。（助詞「の」を入れて）

____

⑤ 이번 주[이번쭈]/지난주/비/많이/오다

今週は先週よりも雨が多く降りました。

____

3　次の日本語を韓国語に直してみましょう。文末は해요体にすること。

① 全て（다）終わったら私を呼んでください。

（終わる：끝나다、呼ぶ：부르다）

② 発音（발음）が下手で練習をたくさんしました。（下手だ：서투르다）

③ 今日は昨日より忙しくて連絡（연락）できませんでした。

④ 韓国の歴史（역사）を勉強したいです。（助詞「の」を入れて）

⑤ ここは秋（가을）の景色（경치）がとても（아주）有名です。

（助詞「の」を入れて）（有名だ：유명하다）

▶この課の内容を理解できていたらチェックしましょう。できていない部分はもう一度テキストの該当部分に戻って確認してください。

- □ **르変則用言**
- □ **不可能の表現　지 못하다、못**
- □ **助詞　〇〇より＝〇〇보다、〇〇の＝〇〇의**

〈韓国語 これは便利！〉 日本語と韓国語の漢字音

韓国語の漢字の読み方には、訓読みはなく音読みだけです。さらに多くの漢字では音読みが一つしかありません。韓国語には日本語と共通の漢字語が多いので、漢字の読み方さえ覚えれば、知らない単語でも発音できます。日本語の漢字の読み方と韓国語の漢字の読み方には、ある程度の傾向性が見られます。ここでは、覚えておくとよい傾向をいくつか挙げておきます。

●音読み「～ち、～つ」で終わる漢字 → パッチムㄹで終わる
一（いち）→ **일**　日（にち）→ **일**　室（しつ）→ **실**

●音読み「～aい」で終わる漢字 →（ほとんど）母音ㅐかㅔで終わる
愛（あい）→ **애**　開（かい）→ **개**　毎（まい）→ **매**
掲（けい）→ **게**　済（さい）→ **제**　第（だい）→ **제**

●音読み「～く、～き」で終わる漢字 →（ほとんど）パッチムㄱで終わる
学（がく）→ **학**　食（しょく）→ **식**　席（せき）→ **석**　的（てき）→ **적**

●音読み「～う」で終わる漢字 → パッチムㅇで終わる場合が多い
商（しょう）→ **상**　通（つう）→ **통**　動（どう）→ **동**

●音読み「ん」で終わる漢字 → パッチムㄴ、ㅁで終わる
安（あん）→ **안**　新（しん）→ **신**　三（さん）→ **삼**　心（しん）→ **심**

●語頭がハ行音で始まる漢字 → 子音ㅂ、ㅍで始まる
博（はく）→ **박**　費（ひ）→ **비**　販（はん）→ **판**　表（ひょう）→ **표**

＊このコラムの内容は、『朝鮮語入門』『朝鮮語入門２』（油谷幸利、ひつじ書房）を参考にさせていただきました。

第8課　連体形(1) 動詞（存在詞）連体形

この課で学ぶこと

1. 動詞（存在詞）の現在連体形
학교 앞에 **있는** 식당　[学校]の前にある[食堂]
2. 動詞（存在詞）の未来連体形　내일 **올** 사람　明日来る人
3. 動詞の過去連体形
생일 선물로 **받은** 가방　誕生日プレゼントでもらったカバン
4. 動詞（存在詞）の回想連体形
자주 **가던/갔던** 도서관　よく行っていた[図書館]

第8、9課では用言の連体形を練習します。**連体形**というのはたとえば、「もらったカバン」という表現の「もらった」の部分のように、用言が後の名詞を修飾するときの形です。動詞・存在詞では4つの種類、形容詞・指定詞では3つの種類の連体形があります。形と意味の対応に気をつけながら覚えていきましょう。

第7課の復習　**40**

次の語を使って日本語に合うように文を作りましょう。文末は해요体にすること。

① 한국 노래/부르다/주세요（[韓国]の歌を歌ってください）

② 오늘/일/있다/어서/가다（今日は仕事があって行けません）（2通りの表現で）

③ 버스/전철/더/빠르다（バスより電車がもっと速いです）

④ 한국/역사/공부하다（韓国の[歴史]を勉強しました）

1. 動詞（存在詞）の現在連体形　語幹＋는

動詞と存在詞（있다、없다、계시다）の語幹に語尾는をつけると、「～する～」という意味の**現在連体形**になります。ただし、ㄹ語幹の動詞では、語幹最後のㄹパッチムが脱落します。現在連体形は現在行われている（存在する）事柄、習慣、一般的な事実を表す場合に使われます。語幹の最後がパッチムㄱㄷㅂの発音の場合、鼻音化が起こりますから、発音に注意しましょう。

	母音語幹、子音語幹	ㄹ語幹
～する～・～している～	語幹＋**는**	語幹（**ㄹ脱落**）＋**는**

動詞　보이다 見える → 語幹 보이 ＋ **는** → **보이는** 見える～
動詞ㄹ語幹　알다 知る → 語幹 아（**ㄹ脱落**）＋ **는** → **아는** 知っている～
存在詞　있다 ある・いる → 語幹 있 ＋ **는** → **있는** [인는] ある～・いる～

例）저기 **보이는** 건물은 병원이에요.　あそこに見える[建物]は[病院]です。
우리는 서로 **아는** 사이에요.　私たちはお互いに知っている間柄です。
점심은 학교 앞에 **있는** 식당에서 먹었어요.
昼食は学校の前にある食堂で食べました。

練習 1 ……………………………………………… 41

次の用言に는をつけ現在連体形で言ってみましょう。

① 가다　行く → ＿＿＿＿＿＿　② 놀다　遊ぶ → ＿＿＿＿＿＿

③ 먹다　食べる → ＿＿＿＿＿＿　④ 없다　ない・いない → ＿＿＿＿＿＿

練習2 ………………………………………………………… 41

例のように、次の語を使って日本語の意味に合うように文を作りましょう。文末は해요体にして、必要な助詞、語尾を補うこと。

例）저기/보이다/건물（あそこに見える建物）→ 저기 **보이는** 건물

① 이것/제*/매일/마시다/커피（これは私が[毎日]飲むコーヒーです）

＊저は助詞가が続くとき제という形になります（12-4参照）。

→ ______________________________

② 지금/살다/집/좁다（今住んでいる家は狭いです）

→ ______________________________

③ 저기/있다/학생/다나카 씨（あそこにいる[学生]は田中さんです）

→ ______________________________

………………………………………………………………………………

2. 動詞（存在詞）の未来連体形　語幹＋ㄹ/을

動詞、存在詞の語幹に語尾のㄹ/을をつけると、「～する～」という意味の**未来連体形**になります。未来連体形は、まだ実現していない事柄、特定の言葉の前（때 とき、예정［予定］、뿐 だけ、など）において使われます。때（とき）などの特定の言葉の前では必ず未来連体形が使われます。母音語幹、ㄹ語幹にはㄹ、子音語幹には을をつけます。ただし、ㄹ語幹ではパッチムㄹが脱落するため、見た目は語幹と未来連体形が同じ形になります。

日本語の「～する～」という表現は、韓国語では現在連体形で表現するときと未来連体形で表現するときがあります。どちらを使うのかは、例文を見ながら覚えていってください。意味の違いだけでなく、後に続く言葉にも注意が必要です。

	母音語幹	ㄹ語幹	子音語幹
～する～	語幹＋**ㄹ**	語幹（**ㄹ脱落**）＋**ㄹ**	語幹＋**을**

오다　来る　　　　母音語幹 오 ＋ **ㄹ** → **올**　来る～
만들다　作る　　　ㄹ語幹 만드（**ㄹ脱落**）＋ **ㄹ** → **만들**　作る～
있다　ある・いる　子音語幹 있 ＋ **을** → **있을**　ある～・いる～

例）내일 파티에 **올** 사람은 연락 주세요.
明日パーティーに来る人は［連絡］ください。

요리를 **만들** 때는 손을 깨끗이 씻으세요.
［料理］を作るときは、手をきれいに洗ってください。

일요일에는 하루 종일 집에 **있을** 예정입니다.
［日曜日］には一日中家にいる予定です。

練習３ ……………………………………………… 42

次の用言にㄹ/을をつけ未来連体形で言ってみましょう。

① 가다　行く → ＿＿＿＿＿＿　② 놀다　遊ぶ → ＿＿＿＿＿＿

③ 먹다　食べる → ＿＿＿＿＿＿　④ 없다　ない・いない → ＿＿＿＿＿＿

練習４ ……………………………………………… 42

例のように、次の語と未来連体形を使って日本語の意味に合うように文を作りましょう。文末は해요体にして、必要な助詞、語尾を補うこと。

例）내일/오다/사람（明日来る人）→ 내일 **올** 사람

① 내일/친구/주다/선물/사다（明日友達にあげるプレゼントを買いました）

→ ＿＿＿＿＿＿＿＿＿＿＿＿＿＿＿＿＿＿＿＿

② 오늘 밤*/먹다/요리/준비하다 (今晩食べる料理を[準備]しました)

＊밤に助詞の에をつけてください。

→ ______________________________

③ 이 문/열다/때/조심하다/세요 (このドアを開けるときは気をつけてください)

→ ______________________________

④ 수업/없다/때/어디/있다 ([授業]がないときはどこにいますか)

→ ______________________________

---

3. 動詞の過去連体形　語幹＋ㄴ/은

動詞の語幹に語尾ㄴ/은をつけると、「～した～」という意味になります。この形を**過去連体形**と言い、すでに実現した行為・変化を表すときに使われます。母音語幹、ㄹ語幹にはㄴ、子音語幹には은をつけます。ㄹ語幹はパッチムㄹが脱落するので注意しましょう。

	母音語幹	ㄹ語幹	子音語幹
～した～	語幹＋**ㄴ**	語幹（**ㄹ脱落**）＋**ㄴ**	語幹＋**은**

오다　来る　　母音語幹 오＋**ㄴ** → **온**　来た～

만들다　作る　　ㄹ語幹 만드(**ㄹ脱落**)＋**ㄴ** → 만**든**　作った～

받다　もらう　　子音語幹 받＋**은** → 받**은**　もらった～

例）일요일에 한국에서 **온** 친구를 만났어요.

日曜日に韓国から来た友達に会いました。

제가 **만든** 케이크 맛이 어떻습니까?

私が作ったケーキの味どうですか。

이것은 생일 선물로 **받은** 가방이에요.
これは誕生日プレゼントでもらったカバンです。

注意　存在詞있다、없다の過去連体形있은、없은はほとんど使われません。「あった・いた～」「なかった・いなかった～」という意味では、回想連体形있던、없던を使います（→8-4）。

練習５ ………… 43

次の用言にㄴ/은をつけ過去連体形で言ってみましょう。

① 가다　行く → ＿＿＿＿＿　② 놀다　遊ぶ → ＿＿＿＿＿

③ 먹다　食べる → ＿＿＿＿＿

練習６ ………… 43

例のように、次の語を使って日本語の意味に合うように文を作りましょう。文末は해요体にして、必要な助詞、語尾を補うこと。

例）한국/오다/친구（韓国から来た友達）→ 한국에서 **온** 친구

① 어제/사다/구두/비싸다（昨日買った靴は高かったです）

→ ＿＿＿＿＿＿＿＿＿＿＿＿＿＿

② 이것/우리 아들/숙제/만들다/작품
（これはうちの息子が[宿題]で作った[作品]です）

→ ＿＿＿＿＿＿＿＿＿＿＿＿＿＿

③ 지난번에/먹다/갈비/맛있다（この間食べたカルビはおいしかったです）

→ ＿＿＿＿＿＿＿＿＿＿＿＿＿＿

4. 動詞（存在詞）の回想連体形　語幹＋던

動詞、存在詞の語幹に語尾던をつけると、「～し（てい）た～」という意味の**回想連体形**になります。回想連体形は、主として現在は行っていない過去の継続した行為に対して使われます。形は一つで、どの語幹にも던がつきます。この形も日本語にはない形なので、例文を見ながら使い方を覚えてください。なお、話し言葉では、回想連体形の代わりに動詞・存在詞の過去形に던のついた形～았던/었던がよく使われますので、合わせて覚えておきましょう。

가다 行く　　가/갔 + **던** → 가**던**/갔**던** 行っていた～
살다 暮らす　　살/살았 + **던** → 살**던**/살았**던** 暮らしていた～

例）대학생 때 자주 **가던/갔던** 도서관이 없어졌어요.
[大学生]のときよく行っていた図書館がなくなりました。
중학교 때까지 **살던/살았던** 고향이 그리워요.
[中学校]のときまで暮らしていた[故郷]が懐かしいです。

注意　存在詞있다、없다、계시다の回想連体形있던、없던、계시던は、「あった（いた）～、なかった（いなかった）～、いらっしゃった～」という意味で、**単なる過去の事柄**を表します。また、話し言葉では過去形に던がついた形 있었던、없었던、계셨던が使われます。

어제 **있던/있었던** 시험 昨日あった[試験]
아까 **없던/없었던** 사람 さっきいなかった人

練習７ ・・・・・・・・・・・・・・・・・・・・・・・・・・・・・・・・・・ 43

例のように、次の語と回想連体形を使って日本語の意味に合うように文を作りましょう。文末は해요体にして、必要な助詞、語尾を補うこと。

例）자주/가다/도서관（よく行っていた図書館）→ 자주 **가던/갔던** 도서관

① 이것/고등학교 때/입다/교복（これは高校のとき着ていた制服です）

→ ＿＿＿＿＿＿＿＿＿＿＿＿＿＿＿＿＿＿＿＿＿＿＿＿＿＿＿＿

② 열심히/공부하다/학생/점수[점쑤]/좋다

（一生懸命勉強していた[学生]は[点数]がよかったです）

→ ＿＿＿＿＿＿＿＿＿＿＿＿＿＿＿＿＿＿＿＿＿＿＿＿＿＿＿＿

③ 어제/같이/있다/사람/누구（昨日一緒にいた人は誰ですか）

→ ＿＿＿＿＿＿＿＿＿＿＿＿＿＿＿＿＿＿＿＿＿＿＿＿＿＿＿＿

④ 여동생/다니다/중학교/없어지다（妹が通っていた中学校がなくなりました）

→ ＿＿＿＿＿＿＿＿＿＿＿＿＿＿＿＿＿＿＿＿＿＿＿＿＿＿＿＿

〈動詞・存在詞の連体形のまとめ〉

	未来 （語幹＋ㄹ/을） する～	**現在** （語幹＋는） する～、している～	**過去** （語幹＋ㄴ/은） した～	**回想** （語幹＋던） した～、していた～
動詞（母音語幹） 가다（行く）	갈	가는	간	가던
動詞（ㄹ語幹） 알다（知る）	알	아는	안	알던
動詞（子音語幹） 먹다（食べる）	먹을	먹는	먹은	먹던
存在詞 있다（ある・いる）	있을	있는	（있은）	있던

第8課 

44

次の会話を何度も発音してみましょう。また意味を確認しましょう。

① A: 요즘 재미있는 드라마 있어요?
B: 일요일 9시에 방송하는 드라마가 재미있어요.
거기에 나오는 배우가 멋있어서 매주 보고 있어요.
A: 그래요? 저도 한번 보고 싶어요.
B: 꼭 한번 보세요.

② A: 여름 방학 때 뭐 해요 ?
B: 오키나와에 여행을 갈 예정이에요.
민수 씨는 어디 갈 계획이 있어요?
A: 저는 부산 집에 갈 예정이에요.
유나 씨도 나중에 놀러 오세요.
B: 고마워요. 부산에는 가 본 적이 없으니까 가고 싶어요.

③ A: 여기가 저희 고향이에요. 저기 보이는 건물이 제가 다니던 고등학교예요.
B: 학교 건물이 아주 예뻐요.
A: 저 학생 보세요. 저 교복,저도 입던 것이에요.
B: 교복도 참 예쁘네요.

会話で注意する発音

44

① 재미있는 [재미인는]、꼭 한번 [꼬칸번]　③ 저희 [저히(저이)]

会話の単語

① 요즘：最近、재미있다：面白い、방송하다：[放送]する、나오다：出てくる、배우：[俳優]、멋있다：かっこいい、매주：[毎週]、한번：一度、꼭：必ず

② 여름 방학：夏休み、때：とき、뭐：何、여행을 가다：[旅行]に行く、예정：予定、어디：どこか、계획：[計画]、부산：プサン・[釜山]、집：家、나중에：後で、놀다：遊ぶ、고마워요→고맙다〈ㅂ変〉：ありがたい、-ㄴ/은 적이 없다：～したことがない

③ 저희：私たち、고향：故郷、보이다：見える、건물：建物、다니다：通う、아주：とても、예뻐요→예쁘다〈으変〉：きれいだ、교복：制服、입다：着る、참：とても、예쁘다：かわいい、네요：～ですね

会話訳

① A: 最近面白いドラマありますか。

B: 日曜日の9時に放送しているドラマが面白いです。そこに出てくる俳優がかっこよくて毎週見ています。

A: そうですか。私も一度見たいです。

B: 必ず一度見てください。

② A: 夏休み(のとき)に何をしますか。

B: 沖縄に旅行に行く予定です。ミンスさんはどこかに行く計画がありますか。

A: 私はプサンの家に帰る予定です。ユナさんも今度遊びに来てください。

B: ありがとうございます。プサンには行ったことがないので行きたいです。

③ A: ここが私の故郷です。あそこに見える建物が私が通っていた高校です。

B: 学校の建物がとてもきれいです。

A: あの学生、見てください。あの制服、私も着ていたものです。

B: 制服もとてもかわいいですね。

★単語の整理　職業などに関する語 45

회사원	교사	의사	간호사	변호사	공무원	은행원	경찰관
[会社員]	[教師]	[医師]	[看護師]	[弁護士]	[公務員]	[銀行員]	[警察官]

배우	가수	미용사	기자	요리사	점원	자영업	주부
[俳優]	[歌手]	[美容師]	[記者]	調理師	[店員]	[自営業]	[主婦]

まとめの練習 46

1　次の語を使って現在連体形・未来連体形の文を作ってみましょう。文末は해요体にし、さらに必要な助詞、語尾などを補うこと。

① 비/오다/날/집/조용히/지내다　雨が降っている日には家で静かに過ごします。

___

② 피아노/연습하다/때/창문/닫다/으세요
ピアノを[練習]するときは窓をお閉めください。

___

③ 제/좋아하다/음악/클래식 음악　私が好きな[音楽]はクラシック音楽です。

___

④ 내년*/새 집/짓다〈ㅅ変〉/예정이다　[来年]新しい家を建てる予定です。
＊내년には助詞の에をつけます。

___

2　次の語を使って過去連体形・回想連体形の文を作ってみましょう。文末は해요体にし、さらに必要な助詞、語尾などを補うこと。

① 이것/옛날*/매일/읽다/던/책　これは昔毎日読んでいた本です。
＊옛날には助詞の에をつけます。

___

② 어제/만나다/친구/고등학교 때/동창　昨日会った友達は高校の同窓生です。

____

③ 어제/미나 씨/듣다〈ㄷ変〉/것/무슨 이야기
昨日ミナさんから聞いたのは何の話でしたか。

____

④ 여기/어리다/때/놀다/던/공원이다
ここは小さいころよく遊んだ[公園]です。

____

3　次の日本語を韓国語に直してみましょう。文末は해요体にすること。

① 先週 (지난주) 見た映画 (영화) はとても面白かったです。

____

② 昨日来たお客さん (손님) が今日も来ました。(던を使う)

____

③ 問題 (문제) を解くときは声 (목소리) を出さないでください。
(解く：풀다、出す：내다)

____

④ いつも (항상) 乗っているバスが今日は遅れました。(遅れる：늦다)

____

▶この課の内容を理解できていたらチェックしましょう。できていない部分はもう一度テキストの該当部分に戻って確認してください。

- □ **動詞 (存在詞) の現在連体形**
- □ **動詞 (存在詞) の未来連体形**
- □ **動詞の過去連体形**
- □ **動詞 (存在詞) の回想連体形**

第9課　連体形（2）形容詞（指定詞）連体形、時間関係を示す複合表現

この課で学ぶこと

1. 形容詞（指定詞）の現在連体形

좀 더 **싼** 것은 없어요? もう少し安い物はありませんか。

2. 形容詞（指定詞）の未来連体形

이 가게는 **어릴** 때 자주 왔어요. この店は幼いときよく来ました。

3. 形容詞（指定詞）の過去連体形

따뜻하던 날씨가 오늘은 아주 추워졌어요.
暖かかった天気が今日はとても寒くなりました。

4. 時間の前後を示す複合表現 「(た)後に」＝ㄴ/은 후에、「(する)前に」＝기 전에

저녁을 먹**은 후에** 티브이를 봐요. 夕食を食べた後にテレビを見ます。

학교에 가**기 전에** 숙제를 해요. [学校]に行く前に[宿題]をします。

第8課の復習

47

次の語を使って日本語に合うように文を作りましょう。文末は해요体にすること。

① 저기/보이다/건물/병원（あそこに見える[建物]は[病院]です）

② 점심/학교 앞/있다/식당/먹다（昼食は学校の前にある[食堂]で食べました）

③ 일요일/하루 종일/집/있다/예정（[日曜日]には一日中家にいる[予定]です）

④ 어제/한국/오다/친구/만나다（昨日は[韓国]から来た友達に会いました）

⑤ 대학생 때/자주/가다/도서관/없어지다
（[大学生]のときよく行っていた[図書館]がなくなりました）

1. 形容詞(指定詞)の現在連体形　語幹＋ㄴ/은

形容詞、指定詞（이다（～だ)、아니다（～でない)）の現在連体形は、語幹にㄴ/은をつけた形で「～な～、～である～」という意味になります。この現在連体形は、事物の状態や性質を示すときに使われます。母音語幹はㄴ、子音語幹は은をつけ、ㄹ語幹もㄴをつけますが、パッチムㄹが脱落します。

	母音語幹	ㄹ語幹	子音語幹
～な～、～である～	語幹＋**ㄴ**	語幹(**ㄹ脱落**)＋**ㄴ**	語幹＋**은**

注意　同じ語幹＋ㄴ/은の形でも動詞と形容詞・指定詞では意味が違います。動詞では「～した～」(過去連体形)、形容詞・指定詞では「～な～」(現在連体形）の意味になります。動詞と形容詞・指定詞の違いに気をつけましょう。

싸다　安い　　母音語幹 싸＋**ㄴ** → **싼**　安い～
달다　甘い　　ㄹ語幹 다(**ㄹ脱落**)＋**ㄴ** → **단**　甘い～
높다　高い　　子音語幹 높＋**은** → 높**은**　高い～
친구이다　友達だ　　指定詞 친구이＋**ㄴ**
→ 친구**인**　友達の（友達である）～

例）좀 더 **싼** 것은 없어요?　もう少し安い物はありませんか。
저는 **단** 것을 좋아해요.　私は甘い物が好きです。
백두산이 제일 **높은** 산입니다.　[白頭山]が一番高い山です。
제 친구**인** 이노우에 씨예요.　私の友達の井上さんです。

練習 1 ………………………… 48

次の形容詞にㄴ/은をつけ現在連体形を言ってみましょう。

① 피곤하다 疲れている → ________

② 멀다 遠い → ________　③ 깊다 深い → ________

練習 2 ………………………… 48

例のように、次の語を使って日本語の意味に合うように文を作りましょう。必要な助詞、語尾を補うこと。

例）좀 더/싸다/것（もう少し安い物）→ 좀 더 **싼** 것

① 작다/접시/크다/접시（小さい皿と大きい皿）

→ ________

② 두 분/멀다/나라/오다/셨어요（お二人は遠い国から来られました）

→ ________

③ 친하다/친구/한국/유학을 가다/았어요（親しい友達が韓国に[留学]しました）

→ ________

④ 초등학생/아들/있다/어요（小学生の息子がいます）

→ ________

2. 形容詞（指定詞）の未来連体形　語幹＋ㄹ/을

動詞の場合と同じく、形容詞・指定詞も語幹に語尾のㄹ/을をつけると、「〜な〜、〜である〜」という意味の未来連体形になります。母音語幹、ㄹ語幹にはㄹ、子音語幹には을をつけます。ただし、ㄹ語幹ではパッチムㄹが脱落します。形容詞・指定詞の未来連体形も、まだ実現していない事柄を示すときや、特定の言葉の前（때 とき、예정 予

定、뿐 だけ、など）で使われます。

	母音語幹	ㄹ語幹	子音語幹
～な～、～である～	語幹＋**ㄹ**	語幹(**ㄹ脱落**)＋**ㄹ**	語幹＋**을**

어리다　幼い　　母音語幹 어리 + **ㄹ** → **어릴**　幼い～
달다　甘い　　ㄹ語幹 다(**ㄹ脱落**) + **ㄹ** → 달　甘い～
좋다　よい　　子音語幹 좋 + **을** → 좋을　よい～

例）이 가게는 **어릴** 때 자주 왔어요.　この店は幼いときよく来ました。
이 과자는 맛이 **달** 뿐만 아니고 고소해요.（만：のみ）
このお[菓子]は味が甘いだけでなく香ばしいです。
날씨가 **좋을** 때는 공원을 산책해요.
天気がよいときは[公園]を散歩します。

3. 形容詞（指定詞）の過去連体形　語幹＋던

形容詞・指定詞の語幹に던をつけると、「～だった～」という意味の過去連体形になり、過去の状態を表します。形の作り方は動詞・存在詞の回想連体形と同じですが、意味が少し違うので注意してください。

따뜻하다　暖かい　　따뜻하 + **던** → 따뜻하**던**　暖かかった～
길다　長い　　길 + **던** → 길**던**　長かった～

例）어제는 **따뜻하던** 날씨가 오늘은 아주 추워졌어요.
昨日は暖かかった天気が今日はとても寒くなりました。

이 아이, 작년까지는 **크던** 옷이 이제 딱 맞아요.

この子、去年までは大きかった服が今はぴったり合います。

注意 動詞の場合と同様、話し言葉では、過去連体形~던の代わりに過去形に던のついた形~았던/었던がよく使われます。

따뜻하던/따뜻했던 날씨 暖かかった天気

練習3 ········ 48

例のように、〈 〉内の指示に従い、次の語を使って日本語の意味に合うように文を作りましょう。文末は해요体を使い、必要な助詞、語尾を補うこと。

例) 어리다/때/자주/오다 (幼いときよく来ました) 〈未来連体形を使って〉

→ **어릴** 때 자주 왔어요.

① 밤/손님/드물다/때/있다* ＊「夜は」は에는をつけます。
(夜はお客さんが少ないときもあります) 〈未来連体形を使って〉

→ ______________________

② 날씨/좋다/때/공원/놀다/러/가다
(天気がいいときは公園に遊びに行きます) 〈未来連体形を使って〉

→ ______________________

③ 몇 년/전/높다/물가[물까]/요즘/떨어지다
(数年前まで高かった[物価]が最近下がりました) 〈過去連体形を使って〉

→ ______________________

④ 옛날/아름답다〈ㅂ変〉/경치/사라지다* ＊「昔は」は에는をつけます。
(昔は美しかった景色が消えてしまいました) 〈過去連体形を使って〉

→ ______________________

〈形容詞・指定詞の連体形のまとめ〉

	未来 （語幹＋ㄹ/을） ～な～	現在 （語幹＋ㄴ/은） ～な～	過去 （語幹＋던） ～だった～
形容詞（母音語幹） 싸다（安い）	**쌀**	**싼**	**싸던**
形容詞（ㄹ語幹） 달다（甘い）	**달**	**단**	**달던**
形容詞（子音語幹） 작다（小さい）	**작을**	**작은**	**작던**
指定詞 이다（～だ）	**～일**	**～인**	**～이던**

4. 時間の前後を示す複合表現

(1)「(た) 後に」＝ ㄴ/은 후에

ここでは、動作や出来事の時間の前後関係を表す表現を練習します。動詞の過去連体形に후에（後に）という言葉をつけると、「～た後に」という意味になります。후は「後」、에は「に」にあたる助詞で、日本語とよく似た表現ですから覚えやすいでしょう。

가다　行く　→ **간 후에**　行った後に

만들다　作る　→ 만**든 후에**　作った後に

먹다　食べる　→ 먹**은 후에**　食べた後に

例）오늘은 아침을 **먹은 후에** 숙제를 했어요.

今日は朝ご飯を食べた後に宿題をしました。

회의가 **끝난 후에** 전화 주세요.

[会議]が終わった後に[電話]をください。

(2)「(する) 前に」= 기 전에

動詞の語幹に名詞を作る語尾기をつけ、さらに전에（前に）という言葉を続けると、「～する前に」という意味になります。連体形ではなく語幹+기という形になる点は、日本語と違うので注意しましょう。

가다　行く　→ 가**기 전에**　行く前に

먹다　食べる　→ 먹**기 전에**　食べる前に

例）**공부하기 전에** 식당에서 밥을 먹어요.

勉強する前に食堂でご飯を食べます。

유학을 **가기 전에** 더 한국어를 공부하고 싶어요.

留学に行く前にもっと[韓国語]を勉強したいです。

練習 4 ………………………………………… 48

例のように、次の語を使って日本語の意味に合うように「～する前に」「～した後に」という文を作りましょう。文末は해요体を使い、必要な助詞、語尾を補うこと。

例）밥/먹다/손/씻다（ご飯を食べる前に手を洗います）

→ 밥을 **먹기 전에** 손을 씻어요.

① 과제/끝내다/게임/하다/면/안 되다（[課題]を終える前にゲームをしてはいけません）

→ ______________________________

② 친구/만나다/언니 집/가다（友達に会った後に姉の家に行きました）

→ ______________________________

③ 유학을 가다/한번/연락/주다（留学する前に一度[連絡]ください）

→ ______________________________

④ 연주/다/듣다〈ㄷ変〉/자리에서 일어서다（[演奏]を全て聞いた後で席を立ちました）

→ ______________________________

第9課 

49

次の会話を何度も発音してみましょう。また意味を確認しましょう。

① A: 민수 씨, 운동 좋아하세요?
B: 네, 저는 매일 아침 출근하기 전에 운동해요.
A: 그래요? 저도 하고 싶지만 일찍 일어나지 못해요.
B: 그러면 저녁에 퇴근한 후에 하면 돼요.
제 친구도 저녁을 먹은 후에 집 근처에 있는 공원에서 운동하고 있어요.

② A: 내일 시간 있으세요?
B: 모레까지는 아주 바빠요. 왜요?
A: 아… 좀 부탁 드리고 싶은 일이 있어서요.
그런데 내일까지 안 해도 되는 일이니까 걱정하지 마세요. 그것보다 너무 바빠도 무리하시면 안 돼요. 많이 바쁘실 때는 말씀하세요.
B: 고마워요. 제가 아주 바쁠 때나 아플 때는 미나 씨가 도와 주세요.

会話で注意する発音

49

① 좋아하세요 [조아하세요]、못해요 [모태요]　② 많이 [마니]

会話の単語

① 운동：[運動]、매일：[毎日]、아침：朝、출근하다：[出勤]する、그래요：そうですか、일찍：早く、일어나다：起きる、그러면：じゃあ・それなら、저

녁：夕方・夕食、퇴근하다：[退勤]する、～면/으면 되다：～ればよい、근처：近所

② 내일：明日、시간：[時間]、모레：明後日、바빠요→바쁘다〈으変〉：忙しい、왜：なぜ、～요：～です（か）（丁寧さを表す語尾）、좀：ちょっと、부탁 드리다：お願いする、그런데：ところで、아도/어도 되다：～てもよい、걱정하다：心配する、너무：あまりに～・～すぎる、바빠서→바쁘다、무리하다：[無理]する、～면/으면 안 되다 ～てはいけない・～（する）とだめだ、많이：多く・とても、말씀하다：お話しする・おっしゃる、고마워요→고맙다〈ㅂ変〉：ありがたい、～나/이나：～や、아프다：体調が悪い・痛い、도와→돕다〈ㅂ変〉：助ける・手伝う

会話訳

① A: ミンスさん、運動お好きですか。
B: はい、私は毎朝出勤する前に運動します。
A: そうですか。私もしたいけど早く起きられません。
B: じゃあ夕方退勤した後にすればいいです。私の友達も夕食を食べた後に家の近所の公園で運動しています。

② A: 明日お時間がおありですか。
B: 明後日まではとても忙しいです。どうしてですか。
A: あ、ちょっとお願いしたい仕事があって。でも明日までにしなくてもいい仕事だから心配しないでください。それよりもとても忙しくても無理なさってはいけません。とても忙しいときはおっしゃってくださいね。
B: ありがとうございます。私がとても忙しいときや体調が悪いときはミナさんが手伝ってください。

★単語の整理　　時間に関する語　　50

～초	～분	～시간	～일	～주일	～개월	년
～[秒]	～[分]	～[時間]	～[日]	～週間	～[ヶ月]	～[年]

지난주	이번 주 [이번쭈]	다음 주 [다음쭈]	지난달	이번 달 [이번딸]	다음 달 [다음딸]
先週	今週	来週	先月	今月	来月

작년 [장년]	올해 [오래]	내년
[昨年]	今年	[来年]

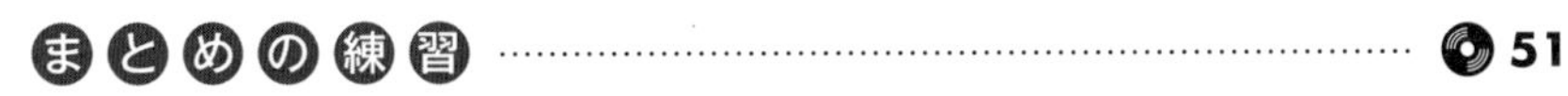

1 次の語を使って文を作ってみましょう。文末は해요体にし、さらに必要な助詞、語尾を補うこと。

① 따뜻하다/봄날/소풍을 가다/싶다

暖かい春の日には遠足に行きたいです。

____

② 어머니/선물하다/려고/예쁘다/꽃/사다

母にプレゼントしようときれいな花を買いました。

____

③ 바쁘다〈으変〉/시기/지나다/이번 달/여유/있다

忙しかった[時期]が過ぎて今月は[余裕]があります。

____

④ 문제/어렵다〈ㅂ変〉/때/친구/묻다〈ㄷ変〉/보다/되다

[問題]が難しいときは友達に聞いてもいいです。

____

⑤ 키가 작다/남동생/이제/저/크다〈으変〉
背が小さかった弟がいまは私より大きいです。

____

2 次の語を使って文を作ってみましょう。文末は해요体にし、さらに必要な助詞、語尾を補うこと。

① 리포트/쓰다/발표하다　レポートを書いた後で[発表]します。

____

② 감기/낫다〈ㅅ変〉/놀다/러/가다　風邪が治った後に遊びに行きましょう。

____

③ 자다/침대/스마트폰/보다/안 되다
寝る前にベッドでスマートフォンを見てはいけません。

____

④ 신청하다/필요하다/서류/다/준비하다
[申請]する前に[必要]な[書類]を全て[準備]してください。

____

⑤ 음식/만들다/아이들/부르다〈르変〉
料理を作った後、子どもたちを呼びました。

____

3 次の日本語を韓国語に直してみましょう。文末は해요体にすること。

① 毎日昼食を食べた後に会社の前のカフェ(카페)でコーヒーを飲みます。

____

② 静かだった教室が急に(갑자기)騒がしくなりました。
(静かだ：조용하다、騒がしくなる：시끄러워지다)

____

③ 夜道（밤길）が怖いときは歌を歌います。
（怖い：무섭다〈ㅂ変〉、歌う：부르다〈르変〉）

____

④ 出勤する前に洗濯（빨래）と皿洗い（설거지）を終えます。
（終える：끝내다）

____

⑤ あそこにいる髪（머리）が長い人は私の妹です。（長い：길다）

____

▶この課の内容を理解できていたらチェックしましょう。できていない部分はもう一度テキストの該当部分に戻って確認してください。

- □ 形容詞（指定詞）の現在連体形
- □ 形容詞（指定詞）の未来連体形
- □ 形容詞（指定詞）の過去連体形
- □ 時間の前後を示す複合表現
  「（た）後に」＝ㄴ/은 후에、「（する）前に」＝기 전에

第10課　連体形と関連する複合表現(1)

この課で学ぶこと

1. 「ようだ、そうだ、と思う」＝連体形＋것 같다
   비가 **온 것 같**아요. 雨が降ったようです。
2. 「たことがある(ない)」＝語幹＋ㄴ/은 적이 있다 (없다)
   이 드라마는 **본 적이 있**어요. このドラマは見たことがあります。
3. 「～途中」＝語幹＋는 길에
   회사에 가**는 길에** 은행에 들렀어요. [会社]に行く途中、[銀行]に立ち寄りました。
4. 「～間」＝語幹＋는 동안
   기다리**는 동안** 게임을 하고 있었어요. 待っている間、ゲームをしていました。

第10、11課では、8課と9課で練習した用言の連体形が関係する複合表現を練習します。

第9課の復習 52

次の語を使って日本語に合うように文を作りましょう。文末は해요体にすること。

① 좀 더/싸다/것/없다 (もう少し安い物はありませんか)

② 어리다/때/자주/오다 (幼いときよく来ました)

③ 어제/따뜻하다/날씨/오늘/아주/추워지다
(昨日は暖かかった天気が今日はとても寒くなりました)

④ 점심/먹다/후/커피/마시다 (昼食を食べた後コーヒーを飲みます)

⑤ 밥/먹다/전/손/씻다 (ご飯を食べる前に手を洗います)

1. 複合表現 「ようだ、そうだ、と思う」＝連体形＋것 같다

用言の連体形（過去、現在、未来）に것 같다という表現をつけると、「～ようだ、～そうだ」という推量の意味になります。推測する内容がすでに実現した事柄なら過去連体形、今行われている事柄なら現在連体形、まだ実現していない事柄なら未来連体形が使われます。用言の種類、推測する内容によって連体形の形が変わりますから、注意しましょう。

（動詞）
비가 오다 →
雨が降る

- 비가 **온 것 같**아요.* （過去連体形） 雨が降ったようです。
- 비가 **오는 것 같**아요. （現在連体形） 雨が降っているようです。
- 비가 **올 것**[껏] **같**아요. （未来連体形） 雨が降りそうです。

＊같아요は話し言葉ではしばしば [가태요]と発音されます。

（形容詞）
일이 바쁘다 →
仕事が忙しい

- 일이 **바빴던 것 같**아요.* （過去連体形） 仕事が忙しかったようです。
- 일이 **바쁜 것 같**아요. （現在連体形） 仕事が忙しいようです。
- 일이 **바쁠 것**[껏] **같**아요. （未来連体形） 仕事が忙しそうです。

＊形容詞の過去連体形がつく場合、「過去形+던」の形で用いられる場合がほとんどです。

例） 전화가 **고장난 것 같아요.**　[電話]が[故障]したようです。

오후에는 눈이 **그칠 것 같아요.**　[午後]には雪が止みそうです。

교실 안에는 아무도 **없는 것 같습니다.**
[教室]の中には誰もいないようです。

오노 씨는 몸이 **아픈 것 같아요.**　小野さんは体の調子が悪いようです。

두 사람은 친한 사이**인 것 같아요.**　二人は親しい仲のようです。

注意 確実ではない自分のこれからの行動にも連体形＋것 같다が使われます。「ようだ、そうだ」だけでなく、「と思う」の意味で使われることがあるので、覚えておきましょう。

학교에는 내일 2시쯤에 **갈 것 같아요.** [学校]には明日２時頃に行くと思います。

練習 1 ………………………………………… 53

例のように、次の語と것 같아요の表現を使って日本語の意味に合うように文を作りましょう。必要な助詞、語尾を補うこと。

例）오후/눈/그치다（午後には雪が止みそうです）

→ 오후에는 눈이 **그칠 것 같아요.**

① 길/막히다/지 않다/아서/5시/도착하다

（道が混んでいないので5時には[到着]しそうです）

→ ＿＿＿＿＿＿＿＿＿＿＿＿＿＿＿＿＿＿＿＿

② 남동생/지금/자기 방/공부하다（弟は今自分の部屋で勉強しているようです）

→ ＿＿＿＿＿＿＿＿＿＿＿＿＿＿＿＿＿＿＿＿

③ 민호 씨/어제/많이/아프다〈으変〉/았/던

（ミンホさんは昨日とても体調が悪かったようです）

→ ＿＿＿＿＿＿＿＿＿＿＿＿＿＿＿＿＿＿＿＿

2. 複合表現 「たことがある（ない）」＝語幹＋ㄴ/은 적이 있다（없다）
（過去連体形）

動詞の過去連体形（語幹＋ㄴ/은）に적이 있다(없다)という言葉をつけると、「〜たことがある（ない）」という経験の有無を表す意味になります。日本語の「こと」に当たる部分に적（とき、こと）という言葉が使われているので、注意してください。

보다　見る　→ **본 적이 있다(없다)**　見たことがある（ない）
만들다　作る　→ 만**든 적이 있다(없다)**　作ったことがある（ない）
먹다　食べる　→ 먹**은 적이 있다(없다)**　食べたことがある（ない）

例）이 드라마는 **본 적이 있어요.**　このドラマは見たことがあります。
　　잡채를 **만든 적이 있어요.**　チャプチェを作ったことがあります。
　　감자탕은* **먹은 적이 없어요.**　カムジャタンは食べたことがありません。
　　　*감자탕は豚の背骨とジャガイモ(감자)を煮込んだ鍋料理

練習2 53

例のように、次の語とㄴ/은 적이 있다(없다)の表現を使って日本語の意味に合うように文を作りましょう。文末は해요体にして、必要な助詞、語尾を補うこと。

例）이 드라마/보다（このドラマは見たことがあります）

　→ 이 드라마는 **본 적이 있어요.**

① 저/그 사람/만나다（私、その人は会ったことがありません）

→ ______________________________

② 이 호텔/작년에/묵다（このホテルは去年泊まったことがあります）

→ ______________________________

③ 이 소설/학교/배우다（この[小説]は学校で習ったことがあります）

→ ______________________________

3. 複合表現 「～途中」＝語幹＋는 길에
（現在連体形）

動詞の現在連体形（語幹＋는）に길에という言葉をつけると、「～（する）途中」という意味になります。

가다 行く → 가**는 길에** 行く途中

例）회사에 **가는 길에** 은행에 들렀어요.
会社に行く途中、銀行に立ち寄りました。

그 소문난 식당을 **찾는 길에** 분위기가 좋은 카페를 발견했어요.
その噂のレストランを探す途中で[雰囲気]がいいカフェを見つけました。

練習 3 ⦿ 54

次の語と는 길에の表現を使って日本語の意味に合うように文を作りましょう。文末は해요体にし、必要な助詞、語尾を補うこと。

例）회사/가다/은행/들르다（会社に行く途中、銀行に立ち寄りました）

→ 회사에 **가는 길에** 은행에 들렀어요.

① 집/돌아오다/슈퍼/야채/사다（家に帰る途中スーパーで[野菜]を買いました）

→ ________________

② 공원/산책하다/예쁘다/꽃/많이/보다
（[公園]まで散歩する途中きれいな花をたくさん見ました）

→ ________________

③ 매일/역/가다/편의점/들르다〈으変〉
（[毎日][駅]まで行く途中、コンビニに寄ります）

→ ________________

4. 複合表現 「〜間」＝語幹＋는 동안
(現在連体形)

動詞・存在詞の現在連体形（語幹＋는）に동안という言葉をつけると、「〜ている間」という意味になります。

기다리다　待つ → 기다리**는 동안** 待っている間

例）**기다리는 동안** 게임을 하고 있었어요.　待っている間、ゲームをしていました。

점심을 **먹는 동안** 어제 녹화한 드라마를 봤어요.

昼食を食べている間、昨日[録画]したドラマを見ました。

練習 4 ……………………………………………… 54

例のように、次の語と는 동안の表現を使って日本語の意味に合うように文を作りましょう。文末は해요体にして、必要な助詞、語尾を補うこと。

例）기다리다/게임/하다（待っている間、ゲームをしていました）

→ **기다리는 동안** 게임을 하고 있었어요.

① 저/고등학교/다니다/매일/도시락/만들다

（私は高校に通う間毎日お弁当を作りました）

→ ＿＿＿＿＿＿＿＿＿＿＿＿＿＿＿＿＿＿＿＿

② 책/열심히/읽다/아무 소리/못/듣다〈ㄷ変〉

（本を一生懸命読んでいる間、何の音も聞こえませんでした）

→ ＿＿＿＿＿＿＿＿＿＿＿＿＿＿＿＿＿＿＿＿

③ 도서관/책/찾다/친구/저/찾다/고 있다

（[図書館]で本を探している間、友達が私を探していました）

→ ＿＿＿＿＿＿＿＿＿＿＿＿＿＿＿＿＿＿＿＿

55

次の会話を何度も発音してみましょう。また意味を確認しましょう。

① A: 내일 동아리 모임이 있는 것 알아요?
B: 네, 그런데 유진 선배는 와요?
A: 올 것 같아요. 약속 시간도 장소도 아는 것 같은데.
B: 그러면 제가 이따가 선배한테 연락할게요.

② A: 한국에서 전통 문화를 느껴 보고 싶어요.
어디가 좋아요?
B: 경주에 가 본 적이 있어요? KTX (케이티엑스)를 타면 서울에서 금방이에요.
A: 간 적이 없어요. KTX도 타고 싶었지만 타 본 적이 없어요.
B: 가는 길에 안동에 들르는 것도 좋아요.
풍경도 멋지고 전통 가옥이나 유명한 탈춤도 있으니까 구경해 보세요.
A: 이야기만 들어도 재미있을 것 같아요.
경주도 안동도 꼭 가 보고 싶어요.
B: KTX로 가는 동안 창문 밖의 경치도 즐겨 보세요.

会話で注意する発音

55

① 있는 [인는]、연락할게요 [열라칼께요]　② 좋아요 [조아요]、없어요 [업써요]、밖의 [바께]

会話の単語

① 내일：明日、동아리：サークル、모임：集まり、그런데：ところで、유진：ユジン（人の名）、선배：[先輩]、약속：[約束]、시간：[時間]、장소：場所、아는→알다：知る、은데：～だけど（13-2参照）、그러면：では、이따가：後で、한테：～に（人や動物につく）、연락하다：[連絡]する、ㄹ게요：～ます（話し手の意志を表す）（12-2参照）

② 전통：[伝統]、문화：[文化]、느끼다：感じる、경주：[慶州]（新羅の古都）、KTX：韓国高速鉄道、타다：乗る、금방：すぐ、안동：[安東]（韓国内陸部の地方都市名）、들르다〈으変〉：寄る・立ち寄る、풍경：[風景]、멋지다：すばらしい・素敵だ、가옥：[家屋]、유명하다：[有名]だ、탈춤：仮面劇、구경하다：見物する、이야기：話、들어도(듣＋어도)→듣다〈ㄷ変〉：聞く、재미있다：面白い、꼭：必ず、밖：外、경치：風景、즐기다：楽しむ

会話訳

① A：明日サークルの集まりがあること知っていますか。
B：はい。ところでユジン先輩は来ますか。
A：来るようです。約束の時間も場所も知っていると思うけど。
B：では私が後で先輩に連絡します。

② A：韓国で伝統文化を感じてみたいです。どこがいいですか。
B：慶州に行ったことがありますか。KTXに乗ればソウルからすぐです。
A：行ったことがありません。KTXも乗りたかったですが、乗ったことがありません。
B：行く途中で安東に立ち寄るのもいいですよ。景色もいいし伝統家屋や有名な仮面劇もあるので見物してみてください。
A：話だけ聞いても（話を聞くだけでも）面白そうです。慶州も安東も必ず行ってみたいです。
B：KTXで行く間、窓の外の風景も楽しんでください。

★**単語の整理**　韓国の主要都市、ソウル近郊の観光名所など　56

서울	인천	대전	대구	강릉	전주	부산	경주	제주
ソウル	[仁川]	[大田]	[大邱]	[江陵]	[全州]	[釜山]	[慶州]	[済州]

인천국제공항	김포공항	명동	강남	가로수길
[仁川国際空港]	[金浦空港]	[明洞]、ミョンドン	[江南]、カンナム	カロスキル

신촌	홍대입구	인사동	북촌한옥마을	경복궁
[新村]、シンチョン	[洪大入口]、ホンデイプク	[仁寺洞]、インサドン	[北村韓屋]街、プクチョンハノクマウル	[景福宮]、キョンボックン

まとめの練習　57

1 次の語を使って것 같다の文を作ってみましょう。指示がなければ文末は해요体にし、さらに必要な助詞、語尾を補うこと。

① 전화하다/집/아무도/없다　電話しましたが家に誰もいないようです。

____

② 이 옷/잘/어울리다　この服、よく似合いそうです。

____

③ 내일/오늘/춥다〈ㅂ変〉　明日は今日より寒そうです。（합니다体で）

____

④ 여기/있다/던/과자/민호/다/먹어 버리다
ここにあったお[菓子]はミンホが全部食べてしまったようです。

____

2 次の語と「~ㄴ/은 적이 있다(없다)」「~는 동안」「~는 길에」を使って、文を作ってみましょう。文末は해요体にし、さらに必要な語句を補うこと。

① 닭갈비/먹어 보다　タッカルビを食べたことがありますか。

____

② 학교/돌아오다/서점/책/사다　学校から帰る途中、[書店]で本を買いました。

____

③ 한번/한국 음식/만들어 보다
一度も[韓国]料理を作ったことがありません。

____

④ 수업/듣다/졸리다/힘들다　[授業]を聴いている間、眠くて大変でした。

____

3 次の日本語を韓国語に直してみましょう。文末は해요体にすること。

① 図書館で勉強している間、雨が降ったようです。(雨が降る：비가 오다)

____

② コンサート(콘서트)に行く途中、昼食を食べました。

____

③ 空港(공항)で有名な歌手に会ったことがあります。(有名だ：유명하다)

____

④ 家に帰る途中、きれいな蝶(나비)を見ました。(きれいだ：예쁘다)

____

▶この課の内容を理解できていたらチェックしましょう。

- □ 「ようだ、そうだ、と思う」＝連体形＋것 같다
- □ 「たことがある(ない)」＝語幹＋ㄴ/은 적이 있다(없다)
- □ 「～途中」＝語幹＋는 길에
- □ 「～間」＝語幹＋는 동안

第11課　連体形と関連する複合表現(2)

この課で学ぶこと

1. 「ことができる(できない)」＝語幹＋ㄹ/을 수 있다(없다)
   매운 김치도 먹**을 수 있어요**. 辛いキムチも食べられます。
2. 「だろう、つもりだ」＝語幹＋ㄹ/을 것이다
   김미나 씨는 금방 **올 거예요**. キム・ミナさんはすぐに来るでしょう。
3. 「(する)とき」＝語幹＋ㄹ/을 때、「(し)たとき」＝語幹＋았/었을 때
   먹**을 때**는 숟가락을 쓰세요. 食べるときはスプーンをお使いください。
   한국에 **갔을 때**에 친구를 만났어요.
   [韓国]に行ったとき友達に会いました。

第10課の復習　58

次の語を使って日本語に合うように文を作りましょう。文末は해요体にすること。

① 비/오다 (雨が降ったようです)
② 길/막히다/니까/조금/늦다 (道が混んでいるので少し遅れそうです)
③ 이 드라마/보다 (このドラマ、見たことがあります)
④ 회사/가다/은행/들르다〈으変〉([会社]に行く途中、[銀行]に立ち寄りました)
⑤ 기다리다/게임/하다 (待っている間、ゲームをしていました)

1. 複合表現「ことができる(できない)」＝語幹＋ㄹ/을 수 있다(없다)
(未来連体形)

動詞の未来連体形（語幹＋ㄹ/을）に수 있다(없다)という表現をつけると、「ことができる(できない)」という可能・不可能を表す表現になります。この場合の수は濃音 [쑤] で発音されます。不可能を表す表現には、지 못하다(7-2(1))、못(7-2(2)）もありました。

가다　行く　→ **갈 수**[쑤] **있다 (없다)**　行くことができる（できない）
만들다　作る　→ 만들 **수 있다 (없다)**　作ることができる（できない）
먹다　食べる　→ 먹을 **수 있다 (없다)**　食べることができる（できない）

例）주말에 놀러 **갈 수 있어요**?　[週末]に遊びに行くことができますか。
종이 접기로 별을 **만들 수 있어요**.　折り紙で星を作ることができます。
매운 김치는 **먹을 수 없어요**.　辛いキムチは食べられません。

練習 1 ………… 59

例のように、次の語とㄹ/을 수 있다(없다)の表現を使って、日本語の意味に合うように文を作りましょう。文末は해요体にし、必要な助詞、語尾を補うこと。

例）맵다/김치/먹다（辛いキムチも食べられます）
→ 매운 김치도 **먹을 수 있어요**.

① 은행/가다/돈/찾다（銀行に行けばお金を下ろすことができます）
→ ＿＿＿＿＿＿＿＿

② 이 물/마시다（この水は飲むことができますか）
→ ＿＿＿＿＿＿＿＿

③ 배/아프다〈으変〉/점심/먹다（お腹が痛くて昼食を食べられませんでした）
→ ＿＿＿＿＿＿＿＿

2. 複合表現「だろう、つもりだ」＝語幹＋ㄹ/을 것이다（未来連体形）

用言の未来連体形（語幹＋ㄹ/을）の後に것이다という言葉がつくと、「〜だろう、〜（する）つもりだ」という推量や話し手の予定を表す表現になります。この場合、것이다は[꺼시다]と濃音で発音します。会話ではㄹ/을 것입니다、ㄹ/을 것이에요の縮約形 ㄹ/을 겁니다、ㄹ/을 거예요という形がよく使われます。なお、他の連体形（過去連体形など）に것이다が続くときには、「〜のだ」という意味になり、推量や予定の意味にはなりません。

오다 来る → **올 것이다**[꺼시다] 来るだろう、来るつもりだ
→ **올 것이에요**、**올 것입니다** → **올 거예요**[꺼에요]、**올 겁니다**
[껌니다] 来るでしょう、来るつもりです

살다 暮らす → **살 것이다** 暮らすだろう、暮らすつもりだ
→ **살 것이에요**、**살 것입니다** → **살 거예요**、**살 겁니다**
暮らすでしょう、暮らすつもりです

찾다 探す → 찾을 **것이다** 探すだろう、探すつもりだ
→ 찾을 **것이에요**、찾을 **것입니다** → 찾을 **거예요**、찾을 **겁니다**
探すでしょう、探すつもりです

例）김미나 씨는 금방 **올 거예요**. キム・ミナさんはすぐに来るでしょう。
4월부터는 도쿄에서 **살 거예요**. 4月からは東京で暮らすつもりです。
내일은 도서관에서 자료를 **찾을 겁니다**.
明日は[図書館]で[資料]を探すつもりです。

練習 2 ……………………………………………………………… 59

例のように、次の語とㄹ/을 거예요の表現を使って、日本語の意味に合うように文を作りましょう。文末は해요体にして、必要な助詞、語尾を補うこと。

例）김미나 씨/금방/오다（キム・ミナさんはすぐに来るでしょう）

→ 김미나 씨는 금방 **올 거예요**.

① 선생님/댁/계시다（先生はお宅にいらっしゃるはずです）

→ ________________________________

② 여기/있다/문제/혼자서/다/풀다
（ここにある[問題]は一人で全部解くつもりです）

→ ________________________________

③ 이/책/내일/다/읽다（この本を明日までに全部読むつもりです）*

→ ________________________________

*「までに」は直訳せず、「まで」にあたる助詞だけを使います。

……………………………………………………………………………

3. 複合表現「(する) とき」＝語幹＋ㄹ/을 때、（未来連体形）「(し) たとき」＝語幹＋았/었을 때

第８課や第９課でも学習しましたが、때（とき）の前にくる用言は未来連体形（語幹＋ㄹ/을）を使い、語幹＋ㄹ/을 때で「～（する・である）とき」の意味になります。さらに、「～たとき」と言うときには、用言を過去形（語幹＋았/었）にして을 때をつけます。過去連体形にしない点に気をつけましょう。

먹다 食べる → 먹**을 때** 食べるとき

가다 行く ― 갔다 行った → **갔을 때** 行ったとき

例）국을 **먹을 때**는 숟가락을 쓰세요.

スープを食べるときはスプーンをお使いください。

한국에 **갔을 때**에 친구를 만났어요.

韓国に行ったとき友達に会いました。

練習3 ······························ 59

例のように、次の語とㄹ/을 때、았/었을 때の表現を使って、日本語の意味に合うように文を作りましょう。文末は해요体にして、必要な助詞、語尾を補うこと。

例）한국/가다/친구/만나다（韓国に行ったとき友達に会いました）

→ 한국에 **갔을 때**에 친구를 만났어요.

① 길/막히다/전철/편리하다（道が混むときは電車が便利です）

→ ______________________________

② 전/잠이 오다/지 않다/따뜻하다/우유/마시다

（前に眠れなかったときは暖かい[牛乳]を飲みました）

→ ______________________________

③ 지난번에/만나다/이야기하다（この前会ったとき話しました）

→ ______________________________

第11課 会話

次の会話を何度も発音してみましょう。また意味を確認しましょう。

① A: 마키 씨, 여름 방학에 뭘 할 거예요?
B: 저는 할머니 댁에 갈 거예요.
A: 할머니 댁은 어디세요?
B: 오키나와예요. 거기서 해수욕도 할 거예요.
A: 우와, 부러워요. 오키나와면 예쁜 꽃이나 물고기도 많이 볼 수 있지요?
B: 네, 준호 씨도 언제 같이 놀러 가요.

② A: 어제 시험, 잘 봤어요?
B: 아뇨, 잘 못 봤어요. 문법 문제가 정말 어려워서 문제를 봤을 때 식은 땀이 났어요. 풀 수 없는 문제도 많아서 아주 우울해요.
A: 정말요? 문제가 어려웠을 때는 다 잊고 스트레스를 해소하는 것이 좋아요.
B: 그래요? 그럼 우리 지금부터 노래방에 가요.
A: 지금요? 알았어요…

会話で注意する発音

① 할 거예요 [할 꺼에요]、물고기 [물꼬기]、많이 [마니]、같이 [가치]
② 없는 [엄는]、많아서 [마나서]、우울해요 [우우래요]、정말요 [정말료]、좋아요 [조아요]、지금요 [지금뇨]

会話の単語

① 여름 방학：夏休み、뭘→무엇을：何を、할머니：おばあさん・祖母、댁：お[宅]、오키나와：沖縄、해수욕：[海水浴]、부러워요→부럽다〈ㅂ変〉：うらやましい、예쁘다〈으変〉：きれいだ、꽃：花、물고기：魚、～지요：でしょ、언제：いつか、놀다：遊ぶ

② 어제：昨日、시험：[試験]、잘 보다：(試験が) よくできる、문법：[文法]、문제：問題、정말：本当に、어려워서→어렵다〈ㅂ変〉：難しい、식은 땀：冷や汗、나다：出る、풀다：解く、많다：多い、우울하다：[憂鬱]だ、어려웠을→어렵다、다：すべて、잊다：忘れる、스트레스：ストレス、해소하다：[解消]する、그래요?：そうですか、지금：今、노래방：カラオケ、알다：わかる

会話訳

① A: マキさん、夏休みに何をするつもりですか。
B: 私はおばあちゃんの家に行くつもりです。
A: おばあさんのお宅はどこですか。
B: 沖縄です。そこで海水浴もするつもりです。
A: うわ、うらやましいです。沖縄ならきれいな花や魚もたくさん見ることができるでしょ。
B: はい、ジュノさんもいつか一緒に遊びに行きましょう。

② A: 昨日の試験、よくできましたか。
B: いいえ、よくできませんでした。文法の問題が本当に難しくて問題を見たとき冷や汗が出ました。解くことができなかった問題も多くてとても憂鬱です。
A: 本当ですか。問題が難しかったときは全て忘れてストレスを解消するのがいいです。
B: そうですか。じゃあ私たち今からカラオケに行きましょう。
A: 今ですか？　わかりました…

★単語の整理　　余暇に関する語　61

방학	휴가	여행	귀성	해외여행	콘서트	공연
学校の長期休み	[休暇]	[旅行]	[帰省]	[海外旅行]	コンサート	[公演]

게임	독서	요리	운동	그림	노래	인터넷 검색	음악감상
ゲーム	[読書]	[料理]	[運動]	絵	歌	ネットサーフィン	[音楽鑑賞]

まとめの練習　62

1 次の語を使ってㄹ/을 수 있다(없다)の文を作ってみましょう。指示がなければ文末は해요体にし、さらに必要な助詞、語尾などを補うこと。

① 이것/먹다/풀　これは食べられる草ですか。

____

② 피곤하다/더 이상/걷다〈ㄷ変〉　疲れてこれ以上歩けません。（합니다体で）

____

③ 내일/수업/끝나다/후/만나다　明日、[授業]が終わった後に会えますか。

____

④ 작년*/이 책/읽다/어렵다〈ㅂ変〉/어서/이해하다　*작년に에をつけます。
去年この本を読んだとき、難しくて[理解]できませんでした。

____

⑤ 날씨/덥다〈ㅂ変〉/에어컨/끄다
（天気が）暑いときはエアコンを切ることができません。

____

2 次の語を使って、ㄹ/을 게예요、ㄹ/을 겁니다の文を作ってみましょう。指示がなければ文末は해요体にし、さらに必要な助詞、語尾を補うこと。

① 내일/수업/휴강이다　明日の授業は[休講]でしょう。（합니다体で）

② 수업/끝나다/면/도서관/공부하다
授業が終わったら図書館で勉強するつもりです。

③ 걱정하다/지 마세요/아무 문제/없다
心配しないでください。何の問題もないでしょう。

④ 오늘/춥다〈ㅂ変〉/으니까/눈/오다　今日は寒いので雪が降るでしょう。

⑤ 내일/파티/가다/한복/입다
明日、パーティーに行くときに[韓服]を着るつもりです。

3 次の日本語を韓国語に直してみましょう。指示がなければ文末は해요体にすること。

① この公園ではサッカー（축구）をすることができますか。

② 先生が教室にいらっしゃるときまで待つつもりです。

③ ここから（여기서）駅まではそれほど（그다지）遠くないでしょう。
（遠い：멀다）

④ 東京に到着したとき、雨が降っていました。（到着する：도착하다）

____

⑤ ここは危険なので入ることができません。
（危険だ：위험하다、入る：들어가다）（합니다体で）

____

▶この課の内容を理解できていたらチェックしましょう。できていない部分はもう一度テキストの該当部分に戻って確認してください。

☐ 「ことができる（できない）」＝語幹＋ㄹ/을 수 있다(없다)

☐ 「だろう、つもりだ」＝語幹＋ㄹ/을 것이다

☐ 「（する）とき」＝語幹＋ㄹ/을 때、
「（し）たとき」＝語幹＋았/었 을 때

第12課　会話でよく使う表現（1）

この課で学ぶこと

1. 「ますか、ましょうか」＝語幹＋ㄹ까요/을까요
   창문을 닫**을까요**? 窓を閉めましょうか。
2. 「ます」＝語幹＋ㄹ게요/을게요
   앞으로 열심히 공부**할게요**. これから一生懸命勉強します。
3. 「ますね、ですね」＝語幹＋네요
   한국어를 공부하시**네요**. [韓国語]を勉強されているんですね。
4. 人称代名詞の変化

第12課と第13課では、話し言葉でよく使う表現を練習します。日常生活でよく使われる表現ですので、覚えておきましょう。

第11課の復習　63

次の語を使って日本語に合うように文を作りましょう。文末は해요体にすること。

① 맵다〈ㅂ変〉/김치/먹다（辛いキムチも食べられます）

② 김미나 씨/금방/오다（キム・ミナさんはすぐに来るでしょう）

③ 한국/가다/친구/만나다（[韓国]に行ったとき友達に会いました）

④ 길/막히다/전철/편리하다（道が混むときは電車が[便利]です）

1.「ますか、ましょうか」＝語幹＋ㄹ까요/을까요

用言の語幹に語尾ㄹ까요/을까요をつけると、「～ますか（ですか）、～ましょうか（でしょうか）、～ませんか」という意味になり、相手の意向・意見を尋ねたり相手を誘う表現になります。この表現は主として話し言葉で使われますが、年齢差が大きい場合など、かなり目上の人には使いません。ㄹ語幹の場合は、語幹のㄹパッチムが脱落するので、注意しましょう。

	母音語幹	ㄹ語幹	子音語幹
ますか、ましょうか	語幹＋**ㄹ까요**	語幹（**ㄹ脱落**）＋**ㄹ까요**	語幹＋**을까요**

만나다　会う　　母音語幹 만나＋**ㄹ까요** → 만**날까요**　会いましょうか

만들다　作る　　ㄹ語幹 만드（**ㄹ脱落**）＋**ㄹ까요** → 만**들까요**　作りましょうか

닫다　閉める　　子音語幹 닫＋**을까요** → 닫**을까요**　閉めましょうか

例）어디에서 **만날까요?**　どこで会いましょうか。

　　비빔밥을 **만들까요?**　ビビンバを作りましょうか。

　　창문을 **닫을까요?**　窓を閉めましょうか。

練習 1 ………………………………………………………………… 64

例のように、次の語とㄹ까요/을까요を使って日本語の意味に合うように文を作りましょう。必要な助詞、語尾を補うこと。

例）창문/닫다（窓を閉めましょうか）

　→ 창문을 **닫을까요?**

① 선생님*/언제/오시다 (先生はいつらっしゃるでしょうか)
*「先生は」の「は」のところは이を使います。

→ ______________________________

② 카페/커피/라도(でも)/마시다 (喫茶店でコーヒーでも飲みましょうか)

→ ______________________________

③ 덥다〈ㅂ変〉/으니까/문/열다 (暑いのでドアを開けましょうか)

→ ______________________________

2.「ます」＝語幹＋ㄹ게요/을게요

動詞の語幹に語尾のㄹ게요/을게요をつけると、「～ます」という意味で話し手の意志や意図を表す表現になります。この表現も主として話し言葉で使われますが、かなり目上の人に対しては使いません。ㄹ語幹の場合は、ㄹパッチムが脱落します。表記と異なり、発音は [ㄹ께요/을께요] となるので注意してください。

	母音語幹	ㄹ語幹	子音語幹
ます	語幹＋**ㄹ게요** [ㄹ께요]	語幹(**ㄹ脱落**)＋**ㄹ게요** [ㄹ께요]	語幹＋**을게요** [을께요]

공부하다 勉強する 母音語幹 공부하＋**ㄹ게요** → 공부**할게요** 勉強します
만들다 作る ㄹ語幹 만드(**ㄹ脱落**)＋**ㄹ게요** → 만**들게요** 作ります
먹다 食べる 子音語幹 먹＋**을게요** → 먹**을게요** 食べます

例） 앞으로 열심히 **공부할게요**. これから一生懸命勉強します。
더우니까 창문을 **열게요**. 暑いので窓を開けます。
이 케이크는 제가 **먹을게요**. このケーキは私が食べます。

練習2 ………………………………………… 64

例のように、次の語とㄹ게요/을게요を使って、日本語の意味に合うように文を作りましょう。必要な助詞、語尾を補うこと。

例）앞으로/열심히/공부하다（これから一生懸命勉強します）

→ 앞으로 열심히 **공부할게요**.

① 담배/꼭/끊다（タバコは必ずやめます）

→ ＿＿＿＿＿＿＿＿＿＿＿＿＿＿＿＿＿＿＿＿＿＿＿＿

② 약속/있다/으니까/먼저/가다（[約束]があるので先に行きます）

→ ＿＿＿＿＿＿＿＿＿＿＿＿＿＿＿＿＿＿＿＿＿＿＿＿

③ 이 책/어렵다/지만/한번/읽어 보다（この本は難しいけど一度読んでみます）

→ ＿＿＿＿＿＿＿＿＿＿＿＿＿＿＿＿＿＿＿＿＿＿＿＿

……………………………………………………………………………

3.「ますね、ですね」＝語幹＋네요

用言の語幹に語尾네요をつけると、「～ますね、～ですね」という意味で、何かに気づいたり、発見して驚きを感じたときに使います。用言の語幹のほか、尊敬形（시/으시）、過去形（았/었）の後にもつきます。

예쁘다　きれいだ　→ 예쁘**네요**　きれいですね

공부하다　勉強する　― 공부하시다　勉強される

→ 공부하시**네요**　勉強されているんですね

나오다　出る　― 나왔다　出た　→ 나왔**네요**　出ましたね

例）이 꽃이 **예쁘네요**.　この花きれいですね。

한국어를 **공부하시네요**.　韓国語を勉強されているんですね。

좋은 결과가 **나왔네요**.　いい[結果]が出ましたね。

練習3 65

例のように、次の語と네요を使って、日本語の意味に合うように文を作りましょう。必要な助詞、語尾を補うこと。

例）한국어/공부하다（韓国語を勉強されているんですね）

→ 한국어를 **공부하시네요**.

① 처음/보다/이름이다（初めて見る名前ですね）

→ ________________________________

② 오늘/정말/덥다（今日は本当に暑いですね）

→ ________________________________

③ 많이/드시다/더 시키다/ㄹ까요

（たくさん召し上がりましたね。もっと注文しましょうか）

→ ________________________________

4. 人称代名詞の変化

저（私）、나（私・僕）などの人称代名詞の中には、後ろの助詞の種類によって形が変わることがあります。ここでは、どういう場合に形が変わるのかをまとめておきます。

（1）저（私）、나（私・僕）、너（おまえ・君）、누구（誰）は、助詞の가（が）が後ろに続くときに形が変わる。

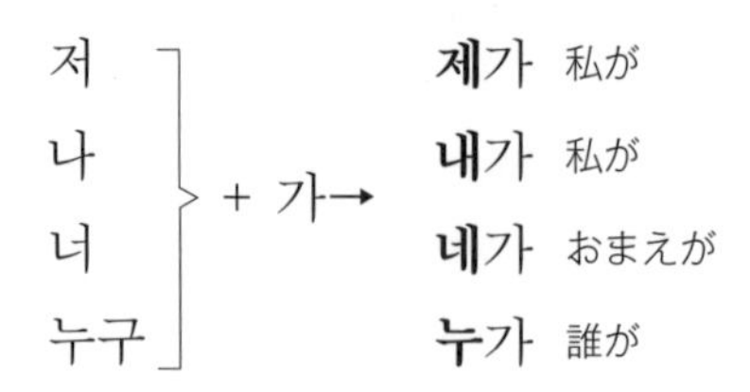

제가 민호예요.　私がミンホです。

누가 왔어요?　誰が来たのですか。

(2) 저、나、너は、助詞の의（の）が後ろに続くとき縮約形になる。

저	+ 의→	**제**　私の
나		**내**　私の
너		**네**　おまえの

제 책　私の本

내 휴대폰　私の携帯電話

네 구두　おまえ（君）の靴

練習4 65

例のように、人称代名詞の形に気をつけて、日本語の意味に合うように文を作りましょう。必要な助詞、語尾を補うこと。

例）**누구**/오다/어요（誰が来ましたか）

→ **누가** 왔어요?

① **저**/전화하다/ㄹ게요（私が[電話]します）

→ ______________________________

② 그것/**저**/가방/이에요（それは私のカバンです）

→ ______________________________

③ **나**/책/**누구**/갖다/고 있다/어요（私の本誰が持っていますか）

→ ______________________________

④ 그 일/**나**/하다/ㄹ게요（その仕事は私がします）

→ ______________________________

第12課 

66

次の会話を何度も発音してみましょう。また意味を確認しましょう。

① A: 오전 일은 다 끝났어요.
B: 그럼 같이 점심을 먹으러 갈까요?
A: 좋네요. 회사 앞에 새로 생긴 레스토랑에 가 볼까요?
B: 그런데 거기는 점심 시간에 손님이 너무 많잖아요.
A: 그럼 제가 전화해서 물어볼게요.

② A: 준호 씨, 요즘 아주 바쁘시네요.
B: 네, 일이 좀 많아요.
A: 내가 할 수 있는 일이 있으면 말해요. 도와 줄게요.
B: 고맙습니다, 선배님. 그런데 곧 끝날 것 같으니까 일단 혼자서 해 볼게요.

会話で注意する発音

66

① 끝났어요 [끈나써요]、같이 [가치]、좋네요 [존네요]、많잖아요 [만차나요]、물어볼게요 [무러볼께요]　② 많아요 [마나요]、말해요 [마래요]、끝날 [끈날]、일단[일딴]

会話の単語

① 오전 : [午前]、일 : 仕事、다 : 全て、끝나다 : 終わる、그럼 : では、점심 : 昼食、회사 : [会社]、새로 : 新しく、생기다 : できる、레스토랑 : レストラン、그런데 : でも、거기 : そこ・あそこ、점심 시간 : 昼休み、손님 : 客、잖아요 : ～じゃないですか、물어보다 : 尋ねてみる

② 요즘：最近、바쁘다：忙しい、말하다：言う、도와→돕다〈ㅂ変〉：手伝う、~어 주다：~てあげる・くれる、고맙다：ありがたい、선배님：先輩、곧：まもなく・すぐ、일단：とりあえず、혼자서：一人で

会話訳

① A: 午前の仕事は全て終わりました。
B: じゃあ一緒に昼食を食べに行きましょうか。
A: いいですね。会社の前に新しくできたレストランに行ってみましょうか。
B: でもあそこは昼休みにお客さんがとても多いじゃないですか。
A: じゃあ私が電話して聞いてみます。

② A: ジュノさん、最近とてもお忙しいでしょう。
B: はい、仕事がちょっと多いです。
A: 私ができることがあれば言ってください。お手伝いします。
B: ありがとうございます、先輩。でももうすぐ終わりそうなのでとりあえず一人でやってみます。

★単語の整理　家族や知人に関する語　67

아버지	어머니	할아버지	할머니	형	오빠	누나	언니	남동생
父	母	祖父	祖母	兄（弟から）	兄（妹から）	姉（弟から）	姉（妹から）	弟

여동생	친구	선배	후배	동료	이웃 사람	아저씨	아주머니
妹	友達	[先輩]	[後輩]	[同僚]	隣人	おじさん	おばさん

まとめの練習 ………… 68

1 次の語を使ってㄹ까요/을까요やㄹ게요/을게요の文を作ってみましょう。必要な助詞、語尾などを補うこと。

① 내일/몇 시/만나다　明日何[時]に会いましょうか。

____

② 비/오다/니까/학교/버스/타다
雨が降っているので[学校]までバスに乗りましょうか。

____

③ 무엇/드시다? 커피/마시다　何を召し上がりますか。コーヒーを飲みます。

____

④ 오늘/졸리다/니까/일찍/자다　今日は眠いので早く寝ます。

____

⑤ 저/선생님/연락하다/보다　私が先生に[連絡]してみましょうか。

____

2 次の語を使って네요の文を作ってみましょう。必要な助詞、語尾を補うこと。

① 정말/오랜만/이다　本当にお久しぶりですね。

____

② 한국어/발음/어렵다　韓国語は[発音]が難しいですね。

____

③ 작업/거의/다/끝나다　[作業]はほとんど終わりましたね。

____

④ 생각보다/일찍/오다　思ったより早くいらっしゃったのですね。

____

⑤ 감기/다/낫다〈ㅅ変〉　風邪がすっかり治られましたね。

______

3 次の日本語を韓国語に直してみましょう。

① もう（이제）3時なので、少し（좀）休みましょうか。（休む：쉬다）

______

② これは誰がくださったプレゼント（선물）ですか。
（くださる：주시다）（해요体で）

______

③ 明日までに課題（과제）を全て終えます。*（終える：끝내다）（ㄹ게요を使って）　*「までに」の部分は直訳せず「まで」にあたる助詞だけを使います。

______

④ 私がその方（그분）と会ってみましょうか。

______

⑤ 雪がたくさん積もりましたね。（積もる：쌓이다）

______

▶この課の内容を理解できていたらチェックしましょう。できていない部分はもう一度テキストの該当部分に戻って確認してください。

- ☐ 「ますか、ましょうか」＝語幹＋ㄹ까요/을까요
- ☐ 「ます」＝語幹＋ㄹ게요/을게요
- ☐ 「ますね、ですね」＝語幹＋네요
- ☐ 人称代名詞の変化

第13課 会話でよく使う表現(2)、意志推量形、縮約形

この課で学ぶこと

1.「ますね、ですね」=語幹+지요(죠)

중국어는 발음이 어렵**지요**? [中国語]は[発音]が難しいでしょ。

2.「ますが、ですが」=語幹+는데요(動詞·存在詞)、

語幹+ㄴ데요/은데요(形容詞·指定詞)

내일은 약속이 있**는데요**. 明日は[約束]があるんですが。

이 구두 좀 작**은데요**. この靴ちょっと小さいんですが。

3. 意志推量形 語幹+겠

내일부터 열심히 공부하**겠**습니다. 明日からは一生懸命勉強します。

4. 話し言葉で使われる縮約形

이걸 아세요? これをご存知ですか。

第12課の復習 69

次の語を使って日本語に合うように文を作りましょう。

① 창문/닫다(窓を閉めましょうか)

② 약속/있다/으니까/먼저/가다(約束があるので先に行きます)

③ 한국어/공부하다([韓国語]を勉強されているんですね)

④ 이것/누구/교과서? 나/것(これは誰の[教科書]ですか。私のものです)

1.「ますね、ですね」＝語幹＋지요(죠)

用言の語幹に語尾지요、あるいはその縮約形죠をつけると、相手への同意を求めるなどいろいろな意味になります。用言語幹のほかに、尊敬形（～시/으시)、過去形（～았/었）の後にもつきます。지요の使い方のうち、まず以下の3つの使い方を覚えましょう。意味によって文末のイントネーションが上がるときと下がるときがあるので注意しましょう。

(1) 相手の同意を求める「～です(よ)ね、～ます(よ)ね、～でしょ」

自分の考えなどについて、相手に同意を求めるときに使います。この場合は、日本語の「ね」とよく似た使い方なので、覚えやすいでしょう。

재미있다　面白い　　재미있 ＋ **지요(죠)**
→ 재미있**지요**(재미있**죠**)　面白いでしょ

例）이 영화 **재미있지요**?　この[映画]面白いでしょ。
　　중국어는 발음이 **어렵지요**?　中国語は発音が難しいでしょ。
　　우에다 씨 집이 요코하마**지요**?*　上田さんの家は横浜ですよね。

*母音終わりの名詞の場合、しばしば指定詞語幹の이が省略されます。

(2) 婉曲な指示・誘い「～ましょう、～てください、～たらどうですか」

丁重に相手に指示したり、誘ったりするときに使います。しばしば尊敬形（～시/으시）と一緒に使われます。文末のイントネーションは下がります。

例）이쪽으로 **앉으시죠**.　こちらにお座りください。
　　같이 **가시지요**.　一緒に行きましょう。

(3)（疑問詞とともに使われ）柔らかな疑問「～ますか、～ですか」

疑問詞とともに使われ、柔らかい感じの疑問文になります。文末のイントネーションは上がります。

例）이게 얼마죠? これいくらですか。

무슨 색을 **좋아하시지요?** どんな色がお好きですか。

練習 1 ………… 70

例のように、次の語と지요を使って、日本語の意味に合うように文を作りましょう。必要な助詞、語尾を補うこと。

例）중국어/발음/어렵다（中国語は発音が難しいでしょ）

→ 중국어는 발음이 **어렵지요?**

① 한국/처음/이 아니다（[韓国]は初めてではありませんね）

→ ______________________________

② 차/라도（でも）/한 잔/하다（お茶でも一杯飲みましょうか）

→ ______________________________

③ 여기서/제일/가깝다〈ㅂ変〉/우체국/어디

（ここから一番近い郵便局はどこでしょうか）

→ ______________________________

2.「ますが、ですが」＝語幹＋는데요（動詞·存在詞）、

語幹＋ㄴ데요/은데요（形容詞·指定詞）

用言の語幹に語尾の는데요、あるいはㄴ데요/은데요をつけると、「～ますが、～ですが」という意味になり、文の終わりを婉曲に言う表現になります。動詞・存在詞、過去形（～았/었）の後につく場合と形

容詞・指定詞につく場合では形が違います。また語幹の種類によっても形が違いますので、次の表を見て覚えてください。

	母音語幹	ㄹ語幹	子音語幹
動詞・存在詞・ 過去形（～았/었） ～ますが、ですが	語幹 ＋ **는데요**	語幹（**ㄹ脱落**） ＋ **는데요**	語幹 ＋ **는데요**
形容詞・指定詞 ～ですが	語幹 ＋ **ㄴ데요**	語幹（**ㄹ脱落**） ＋ **ㄴ데요**	語幹 ＋ **은데요**

◎ 動詞・存在詞・過去形았/었

どの場合も는데요がつきます。ただし、ㄹ語幹ではㄹパッチムが脱落します。

가다 行く　母音語幹 가 ＋ **는데요** → 가**는데요** 行くんですが

알다 知る　ㄹ語幹 아（**ㄹ脱落**）＋ **는데요** → 아**는데요** 知っているんですが

있다 ある・いる　子音語幹 있 ＋ **는데요** → 있**는데요** ありますが・いますが

갔다 行った　갔 ＋ **는데요** → 갔**는데요** 行ったんですが

例）내일은 학교에 **가는데요.** 明日は[学校]に行くんですが。

그 가게는 저도 **아는데요** その店は私も知っていますが。

내일은 약속이 **있는데요.** 明日は約束があるんですが。

선생님께 어제 연락 **드렸는데요.** 先生に昨日[連絡]差し上げたのですが。

◎形容詞・指定詞

母音語幹、ㄹ語幹にはㄴ데요、子音語幹には은데요がつきます。ㄹ語幹はㄹパッチムが脱落します。

비싸다（値段が）高い　母音語幹 비싸 ＋ **ㄴ데요** → 비**싼데요** 高いんですが

멀다 遠い　ㄹ語幹 머 (**ㄹ脱落**) + **ㄴ데요 → 먼데요** 遠いんですが

작다 小さい　子音語幹 작 + **은데요** → 작**은데요** 小さいんですが

학생이다 [学生]だ　指定詞 학생이 + **ㄴ데요** → 학생**인데요** 学生なんですが

例）이거 좀 **비싼데요**. これちょっと高いんですが。

수연 씨는 집이 **먼데요**. スヨンさんは家が遠いのですが。

이 구두 좀 **작은데요**. この靴ちょっと小さいんですが。

저는 **학생인데요**. 私は学生なんですが。

【参考】 는데요、ㄴ데요/은데요から요を除いた形、는데、ㄴ데/은데は「～するが（～だが）」という意味の接続語尾としても使われます。

비가 오**는데** 우산은 있어요? 雨が降っていますが、傘はありますか。

좀 작**은데** 다른 것 없어요? ちょっと小さいんですが、別の物ありませんか。

練習 2 ………… 70

例のように、次の語と는데요、ㄴ데요/은데요を使って、日本語の意味に合うように文を作りましょう。必要な助詞、語尾を補うこと。

例）이 구두/좀/작다（この靴ちょっと小さいんですが）

→ 이 구두 좀 **작은데요**.

① 동생/지금/집/없다（妹は今家にいませんが）

→ ______________________________

② 이 방/좀/춥다〈ㅂ変〉（今この部屋、ちょっと寒いのですが）

→ ______________________________

③ 내일/면/시간/있다（明日ならば[時間]がありますが）

→ ______________________________

④ 저/작년/이사 오다（私は去年引っ越して来たのですが）

→ ____________________

3. 意志推量形　語幹＋겠

第12課で意志を表すㄹ게요/을게요（～します）という形を学びました。それとよく似た表現に語幹＋겠の形があります。ここでは語幹＋겠の形を**意志推量形**と呼びます。겠は用言の語幹のほか尊敬の시/으시、過去の았/었などに接続し、後ろに습니다、어요がついて겠습니다、겠어요となります。겠や시/으시（尊敬）、았/었（過去）のように、用言の語幹と語尾の間に入って使われる語を**補助語幹**と言います。補助語幹は、語幹の後ろに1）시/으시、2）았/었、3）겠の順でつきますので、覚えておくとよいでしょう。

가다 行く　　가 + **겠**습니다/**겠**어요 → 가**겠**습니다/가**겠**어요 行きます
먹다 食べる　먹 + **겠**습니다/**겠**어요 → 먹**겠**습니다/먹**겠**어요 食べます

겠は意志以外にもいくつかの意味があります。以下に例を挙げますので確認してみましょう。

(1) 意志、意向：

저는 내일 학교에 안 **가겠습니다**. 私は明日学校に行きません。

무엇을 **드시겠습니까**? 何をお召し上がりになりますか。

(2) 推量：겠は未来を表すと言われることがありますが、推量の場合は未来のことだけでなく、すでに起きたことについても言うことができます。

오후에 비가 **오겠습니다**. ［午後］雨が降るでしょう。

미나는 이제 공항에 **도착했겠어요**.

ミナはもう［空港］に［到着］しているでしょう。

(3) 婉曲、控えめな気持ち：

알겠습니다. わかりました。

잘 **모르겠습니다**. よくわかりません。

練習3 ………………………………………… 71

例のように、次の語と겠습니다、겠습니까、겠어요を使って、日本語の意味に合うように文を作りましょう。必要な助詞、語尾を補うこと。

例）내일/가다（明日行きます）

→ 내일 **가겠습니다**.

① 내일/몇 시/출발하다（明日何時に［出発］されますか）（합니다体で）

→ ______________________

② 따뜻하다/니까/벚꽃/피다（暖かいので桜が咲くでしょう）（합니다体で）

→ ______________________

③ 하루 종일/걷다〈ㄷ変〉/어서/피곤하다（一日中歩いてお疲れになったでしょう）（해요体で）（尊敬形を使って）

→ ______________________

4. 話し言葉で使われる縮約形

話し言葉では、名詞あるいは名詞＋助詞などの形が縮約されて使われることがあります。自分が話すときだけでなく、聞き取りのときも必要ですので、覚えておきましょう。

(1) 것 (こと・もの) → 거

이것/그것 これ/それ → **이거/그거**

것은 ことは → **건**　　것이 ことが → **게**　　것을 ことを → **걸**

이것이 사토 씨 것이에요? これ佐藤さんのものですか。→ **이게** 사토 씨 **거**예요?

이것을 아세요? これをご存知ですか。→ **이걸** 아세요?

이것은 내 것이에요. これは私のものです。→**이건** 내 **거**예요 [꺼에요].

(2) 무엇 (何) → 뭐

무엇이 何が → **뭐가**　　무엇을 何を → **뭘**　　무엇으로 何で → **뭘로**

어제 무엇을 샀어요? 昨日何を買いましたか。→ 어제 **뭘** 샀어요?

할머니 선물은 무엇이 좋을까요? おばあさんのプレゼントは何がいいでしょうか。

→ 할머니 선물은 **뭐가** 좋을까요.

두부는 무엇으로 만들어요? [豆腐]は何で作りますか。

→ 두부는 **뭘로** 만들어요?

(3) 는 (は) → ㄴ、를 (を) → ㄹ

저는 私は → **전**　　에는 には → **엔**　　에게는 には → **에겐**

저를 私を → **절**

저는 도쿄에 살아요. 私は東京に住んでいます。→ **전** 도쿄에 살아요.

저를 도와 주세요. 私を手伝ってください。→ **절** 도와 주세요.

(4) 에서 (で・から) → 서

어디에서 どこで(から) → 어디**서**

여기에서 ここで(から) → 여기**서**

어디에서 오셨어요? どこから来られたんですか。→ **어디서** 오셨어요?

여기에서 친구를 기다리겠습니다. ここで友達を待ちます。

→ 여기**서** 친구를 기다리겠습니다.

(5) 指定詞이다の語幹이の省略

누구입니까? 誰ですか。→ **누굽니까**?

다나카 씨입니다. 田中さんです。→ 다나카 **씹니다**.

화장실은 저기인데요. トイレはあそこですが。→ 화장실은 **저긴데요**.

練習 4 ………………………… 71

例のように、下線部を縮約形にして言ってみましょう。

例) 이것을 아세요? (これをご存知ですか)

→ **이걸** 아세요?

① 어디에서 공부하셨어요? (どこで勉強されましたか)

→ ______

② 저에게는 여동생과 오빠가 있어요. (私には妹と兄がいます)

→ ______

③ 저것이 제가 다니던 학교예요. (あれが私が通った学校です)

→ ______

④ 저는 여기에서 무엇을 하면 돼요? (私はここで何をすればよいですか)

→ ______

第13課 会話

72

次の会話を何度も発音してみましょう。また意味を確認しましょう。

① A: 비가 오네요.
B: 우산, 없지요?
A: 네, 없는데요.
B: 전 우산 두 개 있으니까 하나 쓰세요.
A: 제가 써도 괜찮아요? 고맙습니다.

② A: 늦잠을 자서 회의에 늦겠어요.
B: 어떡하지요? 부장님은 항상 회의실에 일찍 오시는데요.
A: 시작하기 5(오)분 전에는 회의실에 도착하시겠지요?
B: 네, 빨리 오세요.

③ A: 이게 뭐예요?
B: 호박이에요. 일본에도 있지요?
A: 이거 호박이에요? 일본 호박과 다른 것 같은데요.
B: 아, 이건 애호박이고 일본에서 자주 먹는 건 단호박이에요.

会話で注意する発音

① 없지요 [업찌요]、없는데요 [엄는데요]、괜찮아요 [괜차나요]

② 회의 [회이]、어떡하지요 [어떠카지요]、시작하기 [시자카기]、도착하시겠지요 [도차카시겐찌요]

③ 먹는 [멍는]、단호박 [다노박]

会話の単語

① 비：雨、우산：傘、개：～個、쓰다〈으変〉：使う、써도→쓰다、괜찮다：かまわない・大丈夫だ

② 늦잠을 자다：寝坊する、회의：[会議]、늦다：遅れる、어떡하다：どうする、부장님：部長、항상：いつも、회의실：[会議室]、일찍：早く、시작하다：始まる、도착하다：到着する、빨리：急いで

③ 호박：カボチャ（韓国では一般的にズッキーニに似た形のものを指す）、다르다：違っている・異なっている、애호박：エホバク（ズッキーニに似た形のもの）、자주：よく・頻繁に、단호박：カボチャ（日本で普通に見られるカボチャ）

会話訳

① A: 雨が降っていますね。
B: 傘、ないでしょう。
A: はい、ないのですが。
B: 私は傘が２本あるので一つお使いください。
A: 私が使ってもいいですか。ありがとうございます。

② A: 寝坊して会議に遅れそうです。
B: どうしましょう。部長はいつも会議室に早くいらっしゃるのですが。
A: 会議が始まる５分前には会議室に到着されますよね。
B: はい、急いでいらしてください。

③ A: これ何ですか。
B: カボチャです。日本にもあるでしょう。
A: これがカボチャですか。日本のカボチャとは違うようですが。
B: あ、これはエホバク（子供のカボチャ）で、日本でよく食べるのはタノバク（甘いカボチャ）ですよ。

★単語の整理　人生に関する語　73

출산	탄생	돌잔치	유치원	입학	초등학교	중학교
[出産]	[誕生]	満1歳のお祝い	[幼稚園]	[入学]	小学校	[中学校]

고등학교	대학교	졸업	취직	약혼	결혼	이혼	재혼
高校	大学	[卒業]	[就職]	婚約	[結婚]	[離婚]	[再婚]

이직	사망	장례식
転職	[死亡]	葬儀

まとめの練習 

1 次の語を使って～지요、あるいは는데요、ㄴ데요/은데요の文を作ってみましょう。必要な助詞、語尾などを補うこと。

① 저분/미나 씨/어머님이시다　あの方はミナさんのお母様でしょ。

____

② 졸리다/면/커피/드시다　眠たければコーヒーをお召し上がりください。

____

③ 오늘/모임/몇 시/하다　今日の集まりは何時からでしょうか。

____

④ 전화/하다/지만/안 받다　[電話]をしたけど出なかったのですが。

____

⑤ 한국어/책/읽다/것/어렵다〈ㅂ変〉　韓国語で本を読むことは難しいのですが。

____

2 次の語を使って겠を含む文を作ってみましょう。指示がなければ文末は해요体にし、必要な助詞、語尾を補うこと。

① 열심히/공부하다　一生懸命勉強します。（합니다体で）

____

② 내일/저희/집/오다/아/주시다　明日、我が家にいらしていただけますか。（합니다体で）

____

③ 내년/꼭/한국/여행을 가다　[来年]は必ず韓国に[旅行]に行きます。（합니다体で）

____

④ 다리/다치다/어서/많이/아프다〈으変〉/았
脚をケガしてとても痛かったでしょう。

____

3 次の日本語を韓国語に直してみましょう。指示がなければ文末は해요体にすること。

① 午後の授業は何時からでしょうか。*　*1の③を参考にして

____

② 風邪がまだ (아직) 治っていないのですが。（治る：낫다〈ㅅ変〉）
（「まだ～していない」は過去形の否定形で）

____

③ 何を召し上がりますか？（「何を」は縮約形、겠を使って）（합니다体で）

____

④ オーストラリア (호주) は今夏 (여름) なので暑いでしょう。
（겠を使って）（합니다体で）

____

⑤ ここは有名な食堂でしょ。（「ここは」は縮約形）

●세종대왕상（世宗大王像）（撮影・永原 歩）

ハングルの創製をはじめ、数々の功績で有名な朝鮮王朝第 4 代王の像。ソウル中心部、세종로（世宗路）の中央にある광화문광장（光化門広場）に設置されており、市民に親しまれている。

▶この課の内容を理解できていたらチェックしましょう。できていない部分はもう一度テキストの該当部分に戻って確認してください。

- □ 「ますね、ですね」＝語幹＋지요(죠)
- □ 「ますが、ですが」＝語幹＋는데요（動詞･存在詞）、
  語幹＋ㄴ데요/은데요（形容詞･指定詞）
- □ 意志推量形　語幹＋겠
- □ 話し言葉で使われる縮約形

第14課　ぞんざいな表現（한다体と해体）

この課で学ぶこと

1. ぞんざいな表現（1）한다体

아침에 빵을 먹**는다**. 朝パンを食べる。　밥 먹었**니**? ご飯食べた（か）？
여기서 **기다려라**. ここで待て。　같이 가**자**. 一緒に行こう。

2. ぞんざいな表現（2）해体（パンマル）

버스가 안 **와**. バスが来ない。　이게 누구 지갑**이야**? これ誰の財布だ？

この課では、ぞんざいな文末表現한다体、해体を練習します。これまで練習してきた文末表現の합니다体、해요体は、いずれも丁寧な表現でした。これに対し、한다体、해体はぞんざいな表現で、親しい人や目下の人に使います。ある程度親しくならないと使えない表現ですが、聞き取りや書かれた物を読むためには重要ですので、しっかり練習してください。

第13課の復習　75

次の語を使って日本語に合うように文を作りましょう。

① 중국어/발음/어렵다（[中国語]は[発音]が難しいでしょ）

② 내일/약속/있다（明日は[約束]があるんですが）

③ 이 방/좀/춥다〈ㅂ変〉（この部屋、ちょっと寒いのですが）

④ 내일/몇 시/출발하다（明日何時に[出発]されますか）（겠を使って합니다体で）

1. ぞんざいな表現（1）한다体

ここでは、まず한다体を練習します。한다体は、新聞、雑誌など書き言葉でよく使われ、書かれた文を読むためには必ず必要です。話し言葉では子どもなどかなり目下の人に対して使います。不用意にこの表現を使うと相手に非常に失礼になるので注意してください。

(1) 叙述「～する」＝動詞語幹＋ㄴ다/는다
「～い、～だ」＝形容詞(存在詞・指定詞)語幹＋다

動詞の語幹に語尾のㄴ다/는다をつけると、「～する」という意味でぞんざいな言い切りの表現になります。動詞以外の用言（形容詞、存在詞、指定詞）や過去形（～았/었）の場合には、語幹に다をつけます。つまり、形容詞、存在詞、指定詞の한다体の叙述形は基本形と同じになります。動詞とそれ以外で形の取り方が違う点に注意しましょう。

	母音語幹	ㄹ語幹	子音語幹
動詞 ～する	語幹 ＋ **ㄴ다**	語幹（**ㄹ脱落**） ＋ **ㄴ다**	語幹 ＋ **는다**
形容詞・存在詞・指定詞 ～い、～だ	語幹＋**다**（＝基本形）		
過去形 ～した、～だった	語幹＋았/었＋**다**		

◎ 動詞

일어나다 起きる　　母音語幹 일어나 ＋ **ㄴ다** → 일어**난다** 起きる

알다 知る　　ㄹ語幹 아（**ㄹ脱落**）＋ **ㄴ다** → **안다** 知っている

먹다 食べる　　子音語幹 먹 ＋ **는다** → 먹**는다** 食べる

例）매일 일곱 시에 **일어난다**. ［毎日］7時に起きる。
그 사건은 누구라도 **안다**. その［事件］は誰でも知っている。
아침에 빵을 **먹는다**. 朝パンを食べる。

◎形容詞、存在詞、指定詞、過去形

바쁘다 忙しい　形容詞 바쁘 + **다** → 바쁘다 忙しい
있다 いる、ある　存在詞 있 + **다** → 있다 いる・ある
중학생이다 中学生だ　指定詞 중학생이 + **다** → 중학생이다 ［中学生］だ
먹었다 食べた　過去形 먹었 + **다** → 먹었다 食べた

例）금요일은 제일 **바쁘다**. ［金曜日］は一番忙しい。
오늘은 한국어 수업이 **있다**. 今日は［韓国語］の［授業］がある。
내 동생은 중학생**이다**. 僕の弟は中学生だ。
어제 불고기를 **먹었다**. 昨日プルゴギを食べた。

練習1 ………………………………………… 76

例のように、次の文を한다体の文に変えてください。数字はハングルに直すこと。

例）아침에 빵을 먹어요.（→朝パンを食べる）→ 아침에 빵을 **먹는다**.

① 은행은 9시에 열립니다.（［銀行］は9時に開く）

→ ____________________

② 나는 그 사실을 알아요.（私はその［事実］を知っている）

→ ____________________

③ 매일 일만 하는 것은 몸에 안 좋습니다.（毎日仕事ばかりするのは体に良くない）

→ ____________________

(2) 疑問 「～するか、～いか、～か」＝語幹＋니

用言の語幹や過去形に語尾の니をつけると、ぞんざいな疑問の表現になります。この表現は主として話し言葉で使われます。

가다 行く　가 + **니** → 가**니** 行くの(か)
먹었다 食べた　먹었 + **니** → 먹었**니** 食べた(か)

例）벌써 집에 **가니**? もう家に帰るの（か）?
　　밥 **먹었니**? ご飯食べた（か）?

(3) 命令 「～しろ」＝動詞語幹＋아라/어라

動詞語幹に아라/어라という形をつけると、「～しろ」というぞんざいな命令の表現になります。陽母音語幹には아라、陰母音語幹には어라がつきます。母音の省略や縮約が起きるのは、해요体の形を作るときと同じです。해요体の形で요の代わりに라をつけると覚えればよいでしょう。

받다 受け取る　陽母音 받 + **아라** → 받**아라** 受け取れ
읽다 読む　陰母音 읽 + **어라** → 읽**어라** 読め
공부하다 勉強する　하다動詞 공부하 + 여라 → 공부**해라** 勉強しろ
나가다 出て行く　母音省略 나가 + **아라** → 나**가라** 出て行け
기다리다 待つ　母音縮約 기다리 + **어라** → 기다**려라** 待て

例）책을 많이 **읽어라**. 本をたくさん読め。
　　열심히 **공부해라**. 一生懸命勉強しろ。
　　여기서 **기다려라**. ここで待て。

(4) 勧誘「〜しよう」=動詞語幹+자

動詞の語幹に語尾の자をつけると、「〜しよう」というぞんざいな勧誘の表現になります。

가다 行く　가 + **자** → 가**자** 行こう　例）같이 **가자**. 一緒に行こう。

練習2 ………… 76

例のように次の語を使って、日本語の意味に合うように한다体の文を作りなさい。必要な助詞、語尾を補うこと。

例）밥/먹다（ご飯食べたか）　→ 밥 **먹었니**?

① 누구/기다리다（誰を待っているの）

→ ______________________________

② 시간/없다/택시/타다（[時間]がないからタクシーに乗ろう）

→ ______________________________

③ 아침/일찍/출발하다（朝早く出発しろ）

→ ______________________________

④ 엄마/어디/계시다（お母さんはどこにいらっしゃるの）

→ ______________________________

⑤ 시간/있다/같이/밥/먹다（時間があれば一緒にご飯を食べよう）

→ ______________________________

2. ぞんざいな表現(2) 해体（パンマル）

ぞんざいな表現にはもう一つ、해体という表現があります。해体はもっぱら話し言葉で使われ、書き言葉では使われません。해体はパンマル（반말）とも呼ばれ、目下の人や同年代以下の親しい人によく使

われます。한다体と同様、不用意に使うと相手に失礼になるので注意しましょう。

(1) 動詞・存在詞・形容詞の해体　語幹＋아/어(＝連用形)

用言の語幹に아/어をつけた形、つまり用言の連用形をそのまま文末で使うと、해体の表現になります。また、過去形に어をつけた形も해体の表現になります。同じ形で、「～する(か)、～い(か)、～だ(か)」(叙述・疑問)、「～しろ」(命令)、「～しよう」(勧誘)といういろいろな意味になりますので、イントネーションに注意しながら発音しましょう。

받다 受け取る　(陽母音) → 받**아** 受け取る(か)、受け取れ、受け取ろう
먹다 食べる　(陰母音) → 먹**어** 食べる(か)、食べろ、食べよう
가다 行く　(母音脱落) → **가** 行く(か)、行け、行こう
오다 来る　(母音縮約) → **와** 来る(か)、来い、来よう
공부하다 勉強する　(하다用言) → 공부**해** 勉強する(か)、勉強しろ、勉強しよう
끝나다 終わる ― 끝났다 (過去形) → 끝났**어**　終わった(か)

例) 나하고 같이 **가**.　僕(私)と一緒に行こう。
버스가 안 **와**.　バスが来ない。
청소는 **끝났어**?　掃除は終わった？
오늘 집에 **있어**?　今日家にいる？
열심히 **공부해**.　一生懸命勉強して。
많이 **먹어**.　たくさん食べて。

(2) 名詞文の해体　名詞＋야/이야

名詞文の해体は連用形ではなく、パッチムなしで終わる名詞には야、パッチムで終わる名詞には이야をつけます。同じ形で「～だ」(叙

述)、「～か」(疑問) の意味になります。また否定の아니다(～ない) には、야をつけて아니야となります。ほかの用言と形の作り方が異なるので、注意が必要です。

	パッチムなし	パッチムあり
～だ、～か	名詞＋**야**	名詞＋**이야**

유자차 [柚子茶] (パッチムなし) 유자차 ＋ **야** → 유자차**야** 柚子茶だ(か)
지갑 財布 (パッチムあり) 지갑 ＋ **이야** → 지갑**이야** 財布だ(か)

例) 이거 **유자차야**. これ、柚子茶だ(よ)。
이거 누구 **지갑이야**? これ、誰の財布だ?
이거 내 **가방이 아니야**. これ、僕のカバンじゃない。

練習3 76

例のように次の語を使って、日本語の意味に合うように해体の文を作りなさい。必要な助詞、語尾を補うこと。

例) 버스/안/오다 (バスが来ない) → 버스가 안 **와**.

① 한국말/어렵다/지 않다 (韓国語は難しくないか)

→ ______

② 야마다/내/친구 (山田は僕の友達だ)

→ ______

③ 어제/너무/춥다〈ㅂ変〉(昨日はすごく寒かったよ)

→ ______

④ 이/책/재미있다/으니까/읽어 보다 (この本面白いから読んでみて)

→ ______

第14課 

77

次の会話を何度も発音してみましょう。また意味を確認しましょう。

① A: 이제 학기도 끝나네.
B: 글쎄 말이야. 시험 잘 봤어?
A: 열심히 공부했지. 그런데 점수가 별로 안 좋을 것 같아.
B: 나도. 학점이 걱정이 돼.

② A: 참, 내일 미나 생일이지? 아직 선물 준비도 못했어.
B: 오늘 우리 같이 백화점에 가서 찾아보자.
A: 좋아. 선물은 뭐가 좋을까?
B: 미나에게 잘 어울리는 가방이 좋겠다.
A: 응, 나도 같은 생각을 했었어.
B: 그럼 난 2(두) 시까지 수업이니까 2 시 10(십) 분에 정문에서 볼까?
A: 알았어. 이따가 봐.

会話で注意する発音　77

① 끝나네 [끈나네]、열심히 [열씨미]、점수 [점쑤]、좋을 [조을]
② 못했어 [모태써]、같이 [가치]、백화점 [배콰점]、좋아 [조아]、좋을까 [조을까]、좋겠다 [조케따]

会話の単語

① 이제：もう、학기：[学期]、끝나다：終わる、네：(네요から요を取ったぞんざい形) ～ね、글쎄 말이야：そうだね・その通りだね、시험(을) 잘 보다：試験ができる、열심히：一生懸命、지：(지요から요を取ったぞんざい形) ～よ・～でしょ、그런데：ところが・でも、점수：[点数]、별로：あまり、학점：(大学の) 単位、걱정이 되다：心配だ・心配になる

② 참：そういえば、생일：誕生日、아직：まだ、선물：プレゼント、준비：[準備]、백화점：デパート、찾아보다：探してみる、ㄹ까/을까：(ㄹ까/을까요から요を取ったぞんざい形) ～ようか、어울리다：似合う、가방：かばん・バッグ、같다：同じだ、생각：考え、했었어：(하다の過去形했にさらに過去の었がついた形) ～ていた、정문：[正門]、이따가：後で

会話訳

① A: もう学期も終わるね。
B: そうだね。試験はできた？
A: 一生懸命勉強したよ。でも点数があまり良くなさそう。
B: 僕も。単位が心配だ。

② A: そういえば明日ミナの誕生日だね。まだプレゼントの準備もできていない。
B: 今日僕たち一緒にデパートに行って探してみようよ。
A: いいね。プレゼントは何がいいかなあ。
B:ミナによく似合うバッグが良さそう。
A: うん。私も同じ考えをしていた。
B: じゃあ、僕は2時まで授業だから2時10分に正門で会おうか。
A: わかった。後で会おう。

★単語の整理　いろいろな副詞　78

아주	너무	정말	꼭	곧	바로	빨리	천천히
とても	あまりに	本当に	必ず	すぐに	まさに	早く（急いで）	ゆっくり

일찍	늦게	아직	이미	이제	잘	자주
早く（時間帯）	遅く	まだ	すでに	もう	よく	よく（頻繁に）

가끔	많이	조금	더
時々	たくさん	少し	もっと、より

まとめの練習 …… 79

1 次の語を使って한다体の文を作ってみましょう。必要な助詞、語尾などを補うこと。

① 나/미국/중학교/다니다* 私はアメリカで中学校に通った。
*「～に通う」は를/을 다니다.

____

② 어제/방송되다/드라마/보다 昨日[放送]されたドラマ見た？

____

③ 아무리/어렵다/문제/끝/풀다 どんなに難しくても[問題]は最後まで解け。

____

④ 준기/안 오다/니까/전화해 보다
ジュンギが来ないから[電話]してみよう。

____

⑤ 우리 할아버지/술/많이/드시다 うちの祖父はお酒をたくさん召し上がる。

____

2 次の語を使って해体の文を作ってみましょう。必要な助詞、語尾を補うこと。

① 일요일/어디/가다　[日曜日]、どこ行ったの？

② 라면/계란/넣다/으면/맛있다　ラーメンに卵を入れたらおいしいよ。

③ 주말/친구/영화/보다/러/가다　週末には友達と[映画]見に行ったの。

④ 나/고향/서울/이 아니다　私の[故郷]はソウルではない。

⑤ 어제/늦게까지/숙제/하다/여서/오늘/너무/졸리다
昨日は遅くまで[宿題]をして今日はとても眠い。

3 次の日本語を韓国語に直してみましょう。指示がなければ文末は한다体にすること。

① 昨日聞いた演奏（연주）はとてもよかった。（聞く：듣다〈ㄷ変〉）

② コンビニで注文（주문）した品物（상품）を受け取る。

③ ソウルには行ったので今回は（이번에는）プサン（부산）に行きたい。
＊싶다は形容詞と同じ活用をします。

④ 先生のお話（말씀）をよく（잘）聞きなさい。

---

⑤ どんな（어떤）韓国料理が好き？（해体で）

●북악팔각정（北岳八角亭）（撮影・永原 歩）

ソウル中心部、경복궁（景福宮）の裏手、北岳スカイウェイの休憩所。韓国伝統建築を模した八角亭の建物にはレストランや展望台があり、夏には夕涼みをしながらソウルの夜景を楽しむ人たちで賑わっている。

▶この課の内容を理解できていたらチェックしましょう。できていない部分はもう一度テキストの該当部分に戻って確認してください。

☐　ぞんざいな表現 (1) 한다体

☐　ぞんざいな表現 (2) 해体（パンマル）

第15課　まとめと復習

この課で復習する内容

1. 変則用言のまとめ
2. 用言連体形のまとめ
3. 丁寧さに関わる文末表現
4. 連体形と関連する表現のまとめ
5. 連用形と連用形を使った表現
6. 接続語尾のまとめ
7. 会話でよく使う表現のまとめ
8. そのほかの表現

この課ではこれまで学習した項目について復習します。復習問題を解答しながら理解できているかどうかを確認しましょう。十分理解できていない項目は、該当する箇所に戻ってもう一度確認しましょう。

1. 変則用言のまとめ

復習問題 1 ………… 80

次の語を使って、日本語の意味に合うように文を作りましょう。文末は해요体にし、必要な助詞、語尾を補うこと。

① 두통/다/낫다（[頭痛]はすっかり治りましたか）

→ ______________________________

② 그/이야기/선생님/듣다（その話は先生から聞きました）

→ ______________________________

③ 어제/아주/덥다（昨日はとても暑かったです）

→ ______________________________

④ 이/표현/어렵다/으니까/열심히/연습하다/세요
（この[表現]は難しいから一生懸命[練習]しなさい）

→ ______________________________

⑤ 월요일/제일/바쁘다（[月曜日]は一番忙しいです）

→ ______________________________

⑥ 매일/밤/일기/쓰다（[毎日]夜に[日記]を書きます）

→ ______________________________

⑦ 버스/보다/전철/더/빠르다（バスより電車がもっと速いです）

→ ______________________________

⑧ 한국 노래/부르다/주세요（[韓国]の歌を歌ってください）

→ ______________________________

①はㅅ変則、②はㄷ変則、③④はㅂ変則、⑤⑥は으変則、⑦⑧は르変則の例です。韓国語の初級文法で一番難しいのは変則用言です。どの用言が変則なのか、どのように形が変わるのか、この２点をしっかり覚えてください。変則用言には、母音아 / 어、으で始まる語尾が続くときに形が変わるタイプと、母音아 / 어で始まる語尾の場合だけ形が変わるタイプがありますので、その違いも覚えておいてください。

〈**母音(아/어, 으) で始まる語尾が続くとき**形が変わるタイプ〉

	ㅂ変則 덥다（暑い）	**ㄷ変則** 걷다（歩く）	**ㅅ変則** 짓다（作る）
지 않아요（～ません）	덥지 않아요	걷지 않아요	짓지 않아요
니까/으니까（～から）	**더우니까**	**걸으니까**	**지으니까**
았어요/었어요 （～でした、ました）	**더웠어요**	**걸었어요**	**지었어요**

〈**아/어で始まる語尾が続くとき**形が変わるタイプ〉

	으変則 기쁘다（うれしい）	**르変則** 부르다（呼ぶ）
지 않아요（～ません）	기쁘지 않아요	부르지 않아요
니까/으니까（～から）	기쁘니까	부르니까
았어요/었어요 （～でした、ました）	**기뻤어요**	**불렀어요**

2. 用言連体形のまとめ

復習問題2 ………………………………………… 81

次の語を使って、日本語の意味に合うように文を作りましょう。文末は해요体にし、必要な助詞、語尾を補うこと。

① 학교 앞/있다/가게（[学校]の前にある店）

→ ______________________________

② 지금/살다/집（今住んでいる家）

→ ______________________________

③ 얼마 전/사다/CD(시디)（少し前に買ったＣＤ）

→ ________________________________

④ 어제/받다/선물（昨日もらったおみやげ）

→ ________________________________

⑤ 다음 주[다음쭈]/오다/사람（来週来る人）

→ ________________________________

⑥ 집/있다/예정이다（家にいる[予定]です）

→ ________________________________

⑦ 내/살다/고향（私が暮らしていた[故郷]）

→ ________________________________

⑧ 비싸다/것/사다（高い物を買いました）

→ ________________________________

⑨ 제일/높다/산（一番高い山です）

→ ________________________________

⑩ 저 사람/제 친구/사토 씨（あの人は私の友達の佐藤さんです）

→ ________________________________

⑪ 따뜻하다/날씨/오늘/추워지다（暖かかった天気が今日は寒くなりました）

→ ________________________________

用言の連体形は、動詞·存在詞と形容詞・指定詞で形が少し違いました。①〜⑦は動詞·存在詞の連体形で、①②は現在連体形、③④は過去連体形、⑤⑥は未来連体形、⑦は回想連体形です。⑧〜⑪は形容詞·指定詞の連体形で、⑧⑨⑩は現在連体形、⑪は過去連体形です。ㄹ語幹はㄹパッチムが脱落する場合が多いので、注意しましょう。

◎ 動詞・存在詞の連体形のまとめ

	未来 (語幹＋ㄹ/을) する～	現在 (語幹＋는) する～、している～	過去 (語幹＋ㄴ/은) した～	回想 (語幹＋던) した～、していた～
母音語幹 가다（行く）	갈	가는	간	가던
ㄹ語幹 살다（住む）	살	사는	산	살던
子音語幹 먹다（食べる）	먹을	먹는	먹은	먹던
存在詞 있다（ある・いる）	있을	있는	(있은)	있던

◎ 形容詞・指定詞の連体形のまとめ

	未来 (語幹＋ㄹ/을) ～な～	現在 (語幹＋ㄴ은) ～な～	過去 (語幹＋던) ～だった
母音語幹 싸다（安い）	쌀	싼	싸던
ㄹ語幹 멀다（遠い）	멀	먼	멀던
子音語幹 작다（小さい）	작을	작은	작던
指定詞 이다（～だ）	～일	～인	～이던

3. 丁寧さに関わる文末表現

韓国語では、丁寧さが関係する文末表現が日本語よりたくさんあります。「합니다体」「해요体」は丁寧な表現で「～です、～ます」の意味になり、「해体」「한다体」はぞんざいな表現で、「～する、～だ」の意味になります。

復習問題3 ………………………………… 82

次の語句を①②は「합니다体」「해요体」「해体」「한다体」の形で、③④は「해요体」「해体」「한다体」の形で言ってみましょう。

① 어디 가다　どこに行く（疑問の形で）　→ ＿＿＿＿＿＿＿＿

② 학교에 가다　学校に行く（叙述の形で）　→ ＿＿＿＿＿＿＿＿

③ 여기 앉다　ここに座る（命令の形で）　→ ＿＿＿＿＿＿＿＿

④ 같이 가다　一緒に行く（勧誘の形で）　→ ＿＿＿＿＿＿＿＿

◎ **これまで出てきた文末表現**

	한다体	해体	해요体	합니다体
叙述	**ㄴ다/는다** （動） （～する） **다** （形、存、指） （～い、～だ）	**아/어** （動、形、存） （～する、～い） **야/이야** （名詞） （～だ）	**아요/어요** （動、形、存） （～ます、です） **예요/이에요** （名詞） （～です）	**ㅂ니다/습니다** （～ます、です）
疑問	**니** （～か）	**아/어** （動、形、存） （～か） **야/이야** （名詞） （～か）	**아요/어요** （動、形、存） （～ますか、ですか） **예요/이에요** （名詞） （～ですか）	**ㅂ니까/습니까** （～ますか、ですか）
命令	**아라/어라** （～しろ）	**아/어** （～しろ）	**아요/어요** （～なさい）	
勧誘	**자** （～しよう）	**아/어** （～しよう）	**아요/어요** （～しましょう）	

＊「動」は動詞、「存」は存在詞、「形」は形容詞、「指」は指定詞の語幹につくことを示す。

「합니다体」「해요体」の使い方、「해体」「한다体」の使い方について、まとめておきますので、参考にしてください。

(1)「합니다体」

・相手が目上の人や知らない人の場合に使われる。

・もっとも丁寧だが堅い感じを伴う。

・ニュースや公的な場所での話にはこの表現が使われる。

・男女とも使うが、女性より男性の方がよく使う。

(2)「해요体」

・相手が親しい目上の人の場合や知らない人に話しかけるときなどに使われる。

・丁寧で、柔らかい感じを伴う。

・丁寧な表現としては、日常生活でもっともよく使われる。

・男女とも使うが、女性が特によく使う。

(3)「해体」

・相手が同等か目下の親しい人の場合に使われる。

・ぞんざいな表現で、話し言葉で使われる。

(4)「한다体」

・相手が小さな子どもや、ごく親しい目下の人の場合に使われる。

・もっともぞんざいな表現。

・書き言葉でも話し言葉でも使われる。

・書き言葉では基本的にこの表現が使われる。その場合「ぞんざいさ」とは関係ない。日本語の書き言葉がダ・デアル体で書かれるのと同じと思えばよい。

4. 連体形と関連する表現のまとめ

復習問題 4 ……………………………… 83

次の文を括弧内の表現を使って韓国語に訳してみましょう。文末は해요体にすること。

① 雨が降ったようです。（것 같다）

→ ______________________________

② このドラマは見たことがあります。（ㄴ/은 적이 있다）

→ ______________________________

③ 会社に行く途中、銀行に立ち寄りました。（는 길에）

→ ______________________________

④ 待っている間、ゲームをしていました。（는 동안）

→ ______________________________

⑤ 辛いキムチも食べられます。（ㄹ/을 수 있다）

→ ______________________________

⑥ ミナさんはすぐに来るでしょう。（ㄹ/을 것이다）

→ ______________________________

⑦ 食べるときはスプーンを使います。（ㄹ/을 때）

→ ______________________________

⑧ 韓国に行ったとき友達に会いました。（았/었을 때）

→ ______________________________

用言の連体形とともに使う表現をいくつか練習しました。表現によって使う連体形が決まっていますので、しっかり覚えておきましょう。

(1) いろいろな連体形とともに使う →連体形によって意味が変わる

・「ようだ、そうだ、と思う」=連体形+것 같다

(2) 現在連体形とともに使う

・「～途中」=語幹+는 길에

・「～間」=語幹+는 동안

(3) 過去連体形とともに使う

・「たことがある(ない)」=語幹+ㄴ/은 적이 있다(없다)

(4) 未来連体形とともに使う

・「ことができる(できない)」=語幹+ㄹ/을 수 있다(없다)

・「だろう、つもりだ」=語幹+ㄹ/을 것이다

・「(する)とき」=語幹+ㄹ/을 때、「(し)たとき」=語幹+았/었을 때

5. 連用形と連用形を使った表現

復習問題5 ………… 84

次の語を使って、日本語の意味に合うように文を作りましょう。文末は해요体にし、必要な助詞、語尾を補うこと。

① 교과서/잠깐/보이다 ([教科書]をちょっと見せてください)

→ ______

② 어제/그 사람/만나다 (昨日その人に会ってみました)

→ ______

③ 이 과자/한번/먹다 (このお[菓子]、一度食べてみてください)

→ ______

①は어 주세요 (連用形+주세요)、②は아 보다 (連用形+보다)、③は어 보세요 (連用形+보세요) を使います。用言の連用形は語幹に語

尾아/어をつけた形で、해요体から요を取った形と同じでした。連用形はほかの語と一緒に使われて、様々な表現になりますので、少しずつ覚えていきましょう。

・「～てください」＝ 아/어 주세요

＊「～てあげる・くれる」＝아/어 주다、「～てくださる」＝아/어 주시다も一緒に覚えておきましょう。

・「～てみる」＝아/어 보다

6. 接続語尾のまとめ

復習問題6 ………………………………………… 85

次の語を使って、日本語の意味に合うように文を作りましょう。文末は해요体にし、必要な助詞、語尾を補うこと。

① 돈/없다/시간/있다（お金はないが[時間]はあります）

→ ______________________________

② 저/학생/언니/회사원（私は[学生]で、姉は[会社員]です）

→ ______________________________

③ 백화점/가다/가방/사다（デパートに行って、カバンを買いました）

→ ______________________________

④ 시험/있다/도서관/공부하다（[試験]があるので、[図書館]で勉強します）

→ ______________________________

⑤ 조금/가다/은행/보이다（少し行くと[銀行]が見えます）

→ ______________________________

⑥ 여기/앉다/되다（ここに座ってもいいですか）

→ ______________________________

⑦ 친구/만나다/요코하마/가다 (友達に会いに横浜に行きます)

→ ____________________

⑧ 시험/붙다/열심히/공부하다 (試験に受かろうと一生懸命勉強しました)

→ ____________________

①は지만、②は고、③は아서/어서、④は니까/으니까、⑤は면/으면、⑥は아도/어도、⑦は러/으러、⑧は려고/으려고を使います。韓国語にはいろいろな語尾がありますが、一つずつ覚えていってください。語尾の形には大きく分けて3つのタイプがありますので、注意してください。

(1) 形が一つだけのタイプ

・「けれども、が」=지만　　・「て」=고

(2) 陽母音用の形と陰母音用の形があるタイプ

・「て、ので」=아서/어서　　・「ても」=아도/어도

(3) 母音語幹用の形と子音語幹用の形があるタイプ

・「ので、から」=니까/으니까　　・「と、れば、たら」=면/으면

・「(し)に」= 러/으러　　・「(し)ようと」= 려고/으려고

7. 会話でよく使う表現のまとめ

復習問題7 ………… 86

次の文を括弧内の表現を使って韓国語に訳してみましょう。

① 窓を閉めましょうか。 (ㄹ까요/을까요)

② これから一生懸命勉強します。 (ㄹ게요/을게요)

③ 韓国語を勉強されているんですね。 (네요)

④ 中国語は発音が難しいでしょ。 (지요)

⑤ 明日は約束があるんですが。 (는데요)
⑥ この靴ちょっと小さいんですが。 (ㄴ데요/은데요)

会話でよく使う表現も練習しました。意味を確認しながら、覚えておいてください。

・「ますか、ましょうか（相手の意向、誘い）」＝語幹＋ㄹ까요/을까요
・「ます（話し手の意向）」＝語幹＋ㄹ게요/을게요
・「ますね、ですね（気づき、発見）」＝語幹＋네요
・「ますね、ですね（相手の同意、婉曲な指示・誘い）」＝語幹＋지요(죠)
・「ますが、ですが（婉曲）」＝語幹＋는데요（動詞・存在詞）
語幹＋ㄴ데요/은데요（形容詞・指定詞）

8. そのほかの表現

ほかに以下の表現を練習しました。

・意志推量形　겠

무엇을 드시**겠**습니까?　何をお召し上がりになりますか。

・不可能の表現　지 못하다、못

오늘은 일이 있어서 **가지 못해요(못 가요)**.

今日は仕事があって行けません。

・助詞　○○보다＝○○より、○○의＝○○の

저**보다** 키가 커요.　私より背が高いです。

한국**의** 인상　韓国の[印象]

・時間の前後を示す複合表現

「（た）後に」＝ㄴ/은 후에、「（する）前に」＝기 전에

저녁을 **먹은 후에** 텔레비전을 봐요.　夕食を食べた後にテレビを見ます。

학교에 **가기 전에** 숙제를 해요.　学校に行く前に[宿題]をします。

総合問題 …… 87

次の文は韓国に留学した学生の体験記です。内容を読み質問に答えましょう。

나는 1년 동안의 한국 유학 생활을 마치고 다음 달에 일본에 돌아간다. 서울에서 공부하는 동안 놀랐던 것이 많았지만 그 중에서 가장 놀란 것은 한국 학생들의 공부에 대한 열의다. 시험 기간에 도서관에 가면 하루 종일 도서관에서 지내는 학생들의 모습을 볼 수 있다. 한국은 취직이 어려워서 1학년 때부터 아주 열심히 공부한다. 그리고 학교 이외에 학원에 다니는 학생들도 많다. 유명한 회사에 들어가고 싶어서 유학도 가고 영어 시험도 보면서 계속 준비를 한다. 대학에 입학한 후에도 계속 경쟁이 있어서 힘들 것 같다. 뉴스를 들어도 경쟁이 심한 한국 사회에 관한 뉴스가 자주 나온다.

이런 상황에서도 유학생인 나를 도와준 친구들도 많았다. 1년 동안 공부하면서 만난 친구들은 모두 친절하고 마음이 따뜻한 사람들이었다. 앞으로도 나에게 이런 소중한 기회를 준 한국과 일본이 좋은 관계를 유지할 수 있으면 좋겠다.

〈単語〉

생활：[生活]、마치다：終える、다음 달[다음딸]：来月、돌아가다：帰る、놀라다：驚く、가장：最も、에 대한：～に対する、열의：[熱意]、기간：[期間]、하루 종일：一日中、지내다：過ごす、모습：姿、취직：[就職]、이외：[以外]、학원：塾、유명하다：[有名]だ、들어가다：入る、영어：[英語]、계속：ずっと・続

けて、준비：[準備]、입학하다：[入学]する、경쟁：[競争]、힘들다：辛い・大変だ、뉴스：ニュース、심하다：ひどい、에 관한：～に関する、이런：このような、상황：[状況]、도와주다：助ける・助けてくれる、면서：～ながら、친절하다：[親切]だ、마음：心、앞으로：今後、소중하다：大切だ、기회：[機会]、유지하다：[維持]する、면/으면 좋겠다：～たらいいと思う

① 이 학생은 무엇을 보고 가장 놀랐습니까?

a. 한국 학생의 입학

b. 학생들이 아주 열심히 공부하는 모습

c. 한국 학생의 취직

d. 학생들이 친절한 모습

② この文章から判断して次の文の括弧に入る言葉として最もふさわしいものをa～dから選びなさい。

이 학생의 유학 생활은 (　　　　　　　).

a. 힘들었다.　　b. 어려웠다.　　c. 좋았다.　　d. 따뜻했다.

③ 次の文のうち、内容と合っているものに○、間違っているものに×をつけましょう。

a. 나는 일본에서 온 유학생이다.　(　　)

b. 한국 사회는 경쟁이 심하다.　(　　)

c. 나는 도서관에서 공부 안 한다.　(　　)

d. 나는 한국에서 취직한다.　(　　)

e. 내가 만난 한국 사람은 마음이 따뜻했다.　(　　)

f. 한국 학생들은 바빠서 나를 도와주지 않았다.　(　　)

g. 한국에서는 취직하는 것이 어렵다.　(　　)

h. 나는 곧 일본에 돌아간다.　(　　)

練習問題／まとめの練習　解答例

第1課

練習1（p.15）

① 역 앞에 우체국이 있습니다. ② 다로 씨는 학생입니까? ③ 영화를 봅니다. ④ 이 책을 압니까?

練習2（p.16）

① 는 ② 에서、를 ③ 이 ④ 을 ⑤ 에、가 ⑥ 에게 ⑦ 와 (하고)
⑧ 하고 ⑨ 로 ⑩ 부터、까지 ⑪ 에게서 ⑫ 도 ⑬ 은 ⑭ 에서、까지

練習3（p.18）

① 식당에서 점심을 먹어요. ② 옷이 작아요. ③ 불을 켜요. ④ 물을 마셔요. ⑤ 드라마를 봐요. ⑥ 도서관에서 공부해요.

練習4（p.19）

① 어제 친구를 만났어요. ② 우체국에서 소포를 보냈어요. ③ 저는 작년에 학생이었어요. ④ 많이 기다렸어요. ⑤ 대학교에서 한국어를 배웠어요.

練習5（p.21）

① 오늘은 일요일이 아닙니다. ② 숙제가 많지 않습니다. / 숙제가 안 많습니다. ③ 내일은 학교에 가지 않아요. / 내일은 학교에 안 가요. ④ 매일 책을 읽지 않아요. / 매일 책을 안 읽어요. ⑤ 수업이 휴강이 아니었습니다.

練習6（p.23）

① 이 가방은 삼만오천 원이에요. ② 제 생일은 시월 이삽삼 일이에요.
③ 저는 십이 층에 살아요. ④ 여동생은 지금 삼 학년이에요. ⑤ 일월 십구 일에 시험이 있어요.

■総合問題（p.23）

월요일 / 오늘은 오전에 수업이 있었어요.
유월 육 일 / 친구를 만났어요. 같이 영화를 봤어요.
수요일 / 학교에 가지 않았어요(안 갔어요). 수업이 휴강이었어요.

유월 팔 일 / 아르바이트가 있었어요.
금요일 / 고향에서 어머니가 왔어요.
유월 십 일 / 어머니와 신주쿠에 갔어요. 사람이 많았어요.
유월 십일 일 / 내일 시험이 있어요. 집에서 공부했어요.

第2課

練習1（p.29）

① 할머니께 생일 선물을 드렸습니다.　② 아버지께서는 매일 술을 드십니다.　③ 선생님께서는 지금 연구실에 계세요?　④ 우리 어머니께서는 집에서 된장도 만드세요.

練習2（p.31）

① 노래방에서 노래를 부르고 싶어요.　② 이 가게에서는 가방을 사지 마세요.　③ 한국에서 삼계탕을 먹고 싶어요.　④ 저는 매일 수영 연습을 하고 있어요.

練習3（p.33）

① 여덟 시 삼십 분에 학교에 가요.　② 빵을 세 개 샀어요.　③ 어제는 일곱 시간 잤어요.　④ 여름 방학에 책을 열두 권 읽었어요.　⑤ 저는 매일 맥주를 두 잔 마셔요.　⑥ 남동생은 열여섯 살이에요.

練習4（p.35）

① 메일 주소를 적어 주세요.　② 세 시까지 기다려 주세요.　③ 다로 씨에게 연락해 봤어요?　④ 저 가게, 한번 가 봤어요.　⑤ 이 책을 읽어 보세요.

■総合問題（p.36）

① あの方は誰ですか。우리 아버지세요.　② 昼ごはんに何を食べたいですか。비빔밥을 먹고 싶어요.　③ ジュノさん、今何をしていますか。책을 읽고 있어요.　④ ホットク、おいしいですか。네, 한번 드셔 보세요.　⑤ お腹の調子が良くないです。당분간 커피를 마시지 마세요.　⑥ 息子さんは何歳ですか。열여덟 살이에요.

第3課

第2課の復習 (p.38)

① 교과서를 잠깐 보여 주세요. ② 다로 씨에게 연락해 봤어요? ③ 한번 드셔 보세요.

練習1 (p.40)

1)　　　　　　2)

① 나으세요　　나았어요

② 이으세요　　이었어요

③ 벗으세요　　벗었어요

練習2 (p.41)

① 이 건물을 누가 지으셨습니까? ② 인삼차를 잘 저으세요. ③ 야채는 잘 씻으세요.

練習3 (p.42)

① 오늘은 바쁘지만 내일은 시간이 있어요. ② 많이 잤지만 아직 졸려요.

③ 공부했지만 자신이 없어요.

練習4 (p.43)

① 오전에 아르바이트하고 오후에 공부해요. ② 전철을 타고 학교에 가요.

③ 여기는 우체국이고 저기는 병원이에요.

●まとめの練習 (p.46)

1 ① 그 사람은 말을 이었어요. ② 커피에 설탕을 넣고 잘 저으세요. ③ 이 새는 나뭇가지로 집을 지어요. ④ 저것보다 이것이 나아요. ⑤ 감기는 다 나았습니까?

2 ① 자전거를 타고 여행을 가요. ② 한국 음식은 맵지만 맛있어요. ③ 그 영화를 보고 울었어요. ④ 저녁을 먹고 드라마를 봤습니다. ⑤ 오늘은 수업이 있지만 학교에 안 가요(가지 않아요).

3 ① 이 약을 먹고 빨리 나으세요. ② 역에서 멀지만 공기가 깨끗해요. ③ 여기에 물을 부어요. ④ 이 가게는 맛있고 가격도 싸요. ⑤ 비가 왔지만 시합을 했어요.

第４課

第３課の復習（p.48）

① 새로 집을 지었어요. ② 이 건물올 누가 지으셨어요? ③ 한국어는 어렵지만 재미있어요. ④ 저는 학생이고 누나는 회사원이에요. ⑤ 저녁을 먹고 드라마를 봤어요.

練習1（p.50）

1)	2)
① 실으세요	실었어요
② 깨달으세요	깨달았어요
③ 받으세요	받았어요

練習2（p.50）

① 이 짐을 차에 실어 주세요. ② 역에서 공원까지 걸었어요. ③ 창문을 닫았어요.

練習3（p.52）

① 아침에 일어나서 세수를 해요. ② 열심히 공부해서 합격했어요. ③ 숙제가 많아서 힘들었어요.

練習4（p.54）

① 오늘은 바쁘니까 내일 만나요. ② 담배는 몸에 좋지 않으니까 피우지 마세요. ③ 내일은 일요일이니까 학교에 안 가요. ④ 그 가게는 역에서 머니까 택시로 가요.

●まとめの練習（p.57）

1 ① 신문에 광고를 실었어요. ② 매일 아침 베토벤 음악을 들어요. ③ 오늘 그 사실을 깨달았습니다. ④ 그 장소는 점원에게 물어 보세요. ⑤ 선생님 말씀을 잘 들으세요.

2 ① 친구를 만나서 같이 노래방에 가요. ② 약속 시간에 늦어서 죄송합니다. ③ 교실이 따뜻하니까 잠이 와요. ④ 학교까지 머니까 아침 일찍 집을 나가요. ⑤ 여기는 비싸니까 저 가게에 가요.

3 ① 제 이야기를 들으세요. ② 아르바이트를 해서 한국에 가고 싶어요.

③ 한국 음악을 좋아해서 한국어를 공부하고 있어요. ④ 사정을 잘 아니까 걱정 안 해요(걱정하지 않아요). ⑤ 많이 걸었으니까 다리가 아픕니다.

第5課 ……………………………………………………………………

第4課の復習（p.60）

① 그 이야기는 친구에게서 들었어요. ② 선생님은/께서는 음악을 들으세요? ③ 백화점에 가서 가방을 샀어요. ④ 길이 막혀서 늦었어요. ⑤ 오늘은 바쁘니까 내일 만나요.

練習1（p.62）

1)	2)
① 어려우니까	어려웠어요
② 추우니까	추웠어요
③ 잡으니까	잡았어요

練習2（p.62）

① 오늘은 아주 추워요. ② 이 표현은 어려우니까 열심히 연습하세요. ③ 좀 도와 주세요. ④ 우리 집은 역에서 가까워요.

練習3（p.64）

① 고속 버스를 타면 두 시간쯤 걸려요. ② 어떤 방법을 쓰면 좋아요? ③ 도착하면 연락을 주세요.

練習4（p.66）

① 비싸도 사고 싶어요. ② 사진을 찍어도 돼요? ③ 아무리 어려워도 포기하지 마세요.

●まとめの練習（p.69）

1 ① 집에서 학교까지 가까워요? ② 숙제가 어려웠으니까 선생님에게/께 질문했어요. ③ 누워서 책을 읽으면 눈에 안 좋아요. ④ 너무 추우니까 옷을 더 입으세요. ⑤ 일이 많으니까 도와 주세요.

2 ① 야채를 많이 먹으면 몸에 좋아요. ② 교실에서 점심을 먹어도 돼요? ③ 일 교시 수업에 지각하면 안 돼요. ④ 접수는 어디에서 하면 돼요? ⑤ 아무

리 맛있어도 너무 많이 먹으면 안 됩니다.

3　① 오키나와는 아주 더웠어요.　② 이 책이 어려우면 저 책을 읽어요.
③ 아무리 재미있어도 텔레비전만 보면 안 돼요.　④ 추워도 창문을 닫지 마세요.　⑤ 공원까지는 가까우니까 걸어서 가요.

第6課

第5課の復習（p.72）

① 어제는 날씨가 아주 추웠어요.　② 더우니까 창문을 닫지 마세요.　③ 조금 가면 은행이 보여요.　④ 사진을 찍어도 돼요?　⑤ 숙제가 어려웠으니까 선생님께 질문했어요.

練習1（p.74）

1)	2)
① 예뻐요	예뻤어요
② 바빠요	바빴어요
③ 커요	컸어요

練習2（p.74）

① 오늘은 아주 바빠요.　② 이 꽃은 아주 예뻐요.　③ 친구에게 편지를 썼어요.

練習3（p.76）

① 한국어를 공부하러 왔어요.　② 점심을 먹으러 식당에 가요.　③ 통장을 만들러 은행에 가요.

練習4（p.77）

① 친구에게 보내려고 김을 샀어요.　② 사진을 찍으려고 공원에 갔어요.
③ 입학하면 기숙사에서 살려고 해요.

●まとめの練習（p.80）

1　① 이 영화는 내용이 슬펐어요.　② 오늘은 바빠서 시간이 없어요.　③ 시간이 있으면 편지를 써 주세요.　④ 그 소식을 듣고 정말 기뻤어요.

2　① 한국어를 공부하러 서울에 가요.　② 친구와(하고) 놀려고 공원에 갔어요.　③ 표를 예매하려고 인터넷 사이트를 검색했어요.　④ 스키를 타러 홋카이

도에 가고 싶어요.

3 ① 시험에 합격하려고 열심히 공부했습니다. ② 한국 음식을 먹으러 식당에 갔어요. ③ 남동생은 키가 커요. ④ 감기에 걸려서 머리가 아파요.

第７課 ………………………………………………………………

第６課の復習（p.82）

① 머리가 아파서 병원에 갔어요. ② 여기에 성함을 써 주세요. ③ 어제 친구가 집에 놀러 왔어요. ④ 시험에 붙으려고 열심히 공부했어요.

練習1（p.84）

1)	2)
① 빨라요	빨랐어요
② 몰라요	몰랐어요
③ 눌러요	눌렀어요

練習2（p.84）

① 한국어는 아직 서툴러요. ② 수박이 있으니까 잘라서 먹어요. ③ 택시로 가면 더 빨라요.

練習3（p.86）

① 너무 졸려서 선생님 말씀을 듣지 못했어요/못 들었어요. ② 저는 술은 마시지 못해요/못 마셔요. ③ 이가 아파서 먹지 못해요/못 먹어요.

練習4（p.87）

① 어제보다 날씨가 추워요. ② 저는 사과보다 딸기를 좋아해요. ③ 그 이야기를 듣고 감격의 눈물을 흘렸어요. ④ 한국의 역사를 공부했어요.

●まとめの練習（p.90）

1 ① 이 문제의 답을 몰라요. ② 목이 말라서 물을 마셨어요. ③ 여기를 눌러 주세요. ④ 한국 노래는 어려워서 부르지 못해요/못 불러요. ⑤ 더워서 머리를 잘랐어요.

2 ① 어제는 늦게 자서 일찍 일어나지 못했어요. ② 간식을 많이 먹어서 저녁을 못 먹었어요. ③ 이 유적지의 비밀을 아세요? ④ 지금 한국의 대통령은

누구예요?　⑤ 이번 주는 지난주보다 비가 많이 왔어요.

3　① 다 끝나면 저를 불러 주세요.　② 발음이 서툴러서 연습을 많이 했어요.　③ 오늘은 어제보다 바빠서 연락하지 못했어요/연락 못 했어요.　④ 한국의 역사를 공부하고 싶어요.　⑤ 여기는 가을의 경치가 아주 유명해요.

第8課

第7課の復習（p.94）

① 한국 노래를 불러 주세요.　② 오늘은 일이 있어서 가지 못해요/못 가요.
③ 버스보다 전철이 더 빨라요.　④ 한국의 역사를 공부했어요.

練習1（p.95）

① 가는　② 노는　③ 먹는　④ 없는

練習2（p.96）

① 이것은 제가 매일 마시는 커피예요.　② 지금 사는 집은 좁아요.　③ 저기에 있는 학생은 다나카 씨예요.

練習3（p.97）

① 갈　② 놀　③ 먹을　④ 없을

練習4（p.97）

① 내일 친구에게 줄 선물을 샀어요.　② 오늘 밤에 먹을 요리를 준비했어요.
③ 이 문을 열 때는 조심하세요.　④ 수업이 없을 때는 어디에 있어요?

練習5（p.99）

① 간　② 논　③ 먹은

練習6（p.99）

① 어제 산 구두는 비쌌어요.　② 이것은 우리 아들이 숙제로 만든 작품이에요.　③ 지난번에 먹은 갈비는 맛있었어요.

練習7（p.101）

① 이것은 고등학교 때 입던/입었던 교복이에요.　② 열심히 공부하던/공부했던 학생은 점수가 좋았어요.　③ 어제 같이 있던/있었던 사람은 누구예요?
④ 여동생이 다니던/다녔던 중학교가 없어졌어요.

●まとめの練習 (p.104)

1 ① 비가 오는 날에는 집에서 조용히 지내요. ② 피아노를 연습할 때는 창문을 닫으세요. ③ 제가 좋아하는 음악은 클래식 음악이에요. ④ 내년에 새 집을 지을 예정이에요.

2 ① 이것은 옛날에 매일 읽던/읽었던 책이에요. ② 어제 만난 친구는 고등학교 때 동창이에요. ③ 어제 미나 씨에게서 들은 것은 무슨 이야기였어요? ④ 여기는 어릴 때 자주 놀던/놀았던 공원이에요.

3 ① 지난주 본 영화는 아주 재미있었어요. ② 어제 오던/왔던 손님이 오늘도 왔어요. ③ 문제를 풀 때는 목소리를 내지 마세요. ④ 항상 타는 버스가 오늘은 늦었어요.

第9課

第8課の復習 (p.106)

① 저기에 보이는 건물은 병원이에요. ② 점심은 학교 앞에 있는 식당에서 먹었어요. ③ 일요일에는 하루 종일 집에 있을 예정이에요. ④ 어제는 한국에서 온 친구를 만났어요. ⑤ 대학생 때 자주/갔던 가던 도서관이 없어졌어요.

練習1 (p.108)

① 피곤한 ② 먼 ③ 깊은

練習2 (p.108)

① 작은 접시와 큰 접시. ② 두 분은께서는 먼 나라에서 오셨어요. ③ 친한 친구가 한국에 유학을 갔어요. ④ 초등학생인 아들이 있어요.

練習3 (p.110)

① 밤에는 손님이 드물 때도 있어요. ② 날씨가 좋을 때는 공원에 놀러 가요. ③ 몇 년 전까지 높던/높았던 물가가 요즘 떨어졌어요. ④ 옛날에는 아름답던/아름다웠던 경치가 사라졌어요.

練習4 (p.112)

① 과제를 끝내기 전에 게임을 하면 안 돼요. ② 친구를 만난 후에 언니 집에 갔어요. ③ 유학을 가기 전에 한번 연락 주세요. ④ 연주를 다 들은 후에 자리

에서 일어섰어요.

●まとめの練習（p.115）

1　① 따뜻한 봄날에는 소풍을 가고 싶어요.　② 어머니에게/께 선물하려고 예쁜 꽃을 샀어요.　③ 바쁘던/바빴던 시기가 지나서 이번 달은 여유가 있어요.　④ 문제가 어려울 때는 친구에게 물어 봐도 돼요.　⑤ 키가 작던/작았던 남동생이 이제는 저보다 커요.

2　① 리포트를 쓴 후에 발표해요.　② 감기가 나은 후에 놀러 가요.　③ 자기 전에 침대에서 스마트폰을 보면 안 돼요.　④ 신청하기 전에 필요한 서류를 다 준비하세요.　⑤ 음식을 만든 후에 아이들을 불렀어요.

3　① 매일 점심을 먹은 후에 회사 앞 카페에서 커피를 마셔요.　② 조용하던/조용했던 교실이 갑자기 시끄러워졌어요.　③ 밤길이 무서울 때는 노래를 불러요.　④ 출근하기 전에 빨래와 설거지를 끝내요.　⑤ 저기에 있는 머리가 긴 사람은 제 여동생이에요.

第10課

第９課の復習（p.118）

① 좀 더 싼 것은 없어요?　② 어릴 때 자주 왔어요.　③ 어제는 따뜻하던/따뜻했던 날씨가 오늘은 아주 추워졌어요.　④ 점심을 먹은 후에 커피를 마셔요.　⑤ 밥을 먹기 전에 손을 씻어요.

練習1（p.120）

① 길이 막히지 않아서 다섯 시에는 도착할 것 같아요.　② 남동생은 지금 자기 방에서 공부하는 것 같아요.　③ 민호 씨는 어제 많이 아팠던 것 같아요.

練習2（p.121）

① 저 그 사람은 만난 적이 없어요.　② 이 호텔은 작년에 묵은 적이 있어요.　③ 이 소설은 학교에서 배운 적이 있어요.

練習3（p.122）

① 집에 돌아오는 길에 슈퍼에서 야채를 샀어요.　② 공원까지 산책하는 길에 예쁜 꽃을 많이 봤어요.　③ 매일 역까지 가는 길에 편의점에 들러요.

練習4（p.123）

① 저는 고등학교에 다니는 동안 매일 도시락을 만들었어요. ② 책을 열심히 읽는 동안 아무 소리도 못 들었어요. ③ 도서관에서 책을 찾는 동안 친구가 저를 찾고 있었어요.

●まとめの練習（p.126）

1 ① 전화했지만 집에 아무도 없는 것 같아요. ② 이 옷, 잘 어울릴 것 같아요. ③ 내일은 오늘보다 추울 것 같습니다. ④ 여기에 있던 과자는 민호가 다 먹어 버린 것 같아요.

2 ① 닭갈비를 먹어 본 적이 있어요? ② 학교에서 돌아오는 길에 서점에서 책을 샀어요. ③ 한번도 한국 음식을 만들어 본 적이 없어요. ④ 수업을 듣는 동안 졸려서 힘들었어요.

3 ① 도서관에서 공부하는 동안 비가 온 것 같아요. ② 콘서트에 가는 길에 점심을 먹었어요. ③ 공항에서 유명한 가수를 만난 적이 있어요. ④ 집에 가는 길에 예쁜 나비를 봤어요.

第11課

第10課の復習（p.128）

① 비가 온 것 같아요. ② 길이 막히니까 조금 늦을 것 같아요. ③ 이 드라마 본 적이 있어요. ④ 회사에 가는 길에 은행에 들렀어요. ⑤ 기다리는 동안 게임을 하고 있었어요.

練習1（p.129）

① 은행에 가면 돈을 찾을 수 있어요. ② 이 물은 마실 수 있어요? ③ 배가 아파서 점심을 먹을 수 없었어요.

練習2（p.131）

① 선생님은/께서는 댁에 계실 거예요. ② 여기 있는 문제는 혼자서 다 풀 거예요. ③ 이 책을 내일까지 다 읽을 거예요.

練習3（p.132）

① 길이 막힐 때는 전철이 편리해요. ② 전에 잠이 오지 않았을 때는 따뜻한 우

유를 마셨어요.　③ 지난번에 만났을 때 이야기했어요.

●まとめの練習 (p.135)

1　① 이것은 먹을 수 있는 풀이에요?　② 피곤해서 더 이상 걸을 수 없습니다.　③ 내일 수업이 끝난 후에 만날 수 있어요?　④ 작년에 이 책을 읽었을 때 어려워서 이해할 수 없었어요.　⑤ 날씨가 더울 때는 에어컨을 끌 수 없어요.

2　① 내일 수업은 휴강일 겁니다.　② 수업이 끝나면 도서관에서 공부할 거예요.　③ 걱정하지 마세요. 아무 문제도 없을 거예요.　④ 오늘은 추우니까 눈이 올 거예요.　⑤ 내일 파티에 갈 때 한복을 입을 거예요.

3　① 이 공원에서 축구를 할 수 있어요?　② 선생님이/께서 교실에 오실 때까지 기다릴 거예요.　③ 여기서 역까지는 그다지 멀지 않을 거예요.　④ 도쿄에 도착했을 때 비가 오고 있었어요.　⑤ 여기는 위험하니까 들어갈 수 없습니다.

第12課

第11課の復習 (p.138)

① 매운 김치도 먹을 수 있어요.　② 김미나 씨는 금방 올 거예요.　③ 한국에 갔을 때 친구를 만났어요.　④ 길이 막힐 때는 전철이 편리해요.

練習1 (p.139)

① 선생님이 언제 오실까요?　② 카페에서 커피라도 마실까요?　③ 더우니까 문을 열까요?

練習2 (p.141)

① 담배는 꼭 끊을게요.　② 약속이 있으니까 먼저 갈게요.　③ 이 책은 어렵지만 한번 읽어 볼게요.

練習3 (p.142)

① 처음 보는 이름이네요.　② 오늘은 정말 덥네요.　③ 많이 드셨네요. 더 시킬까요?

練習4 (p.143)

① 제가 전화할게요.　② 그것은 제 가방이에요.　③ 내 책 누가 갖고 있어요?　④ 그 일은 내가 할게요.

●まとめの練習 (p.146)

1 ① 내일 몇 시에 만날까요? ② 비가 오니까 학교까지 버스를 탈까요? ③ "무엇을 드세요?" "커피를 마실게요." ④ 오늘은 졸리니까 일찍 잘게요. ⑤ 제가 선생님에게/께 연락해 볼까요?

2 ① 정말 오랜만이네요. ② 한국어는 발음이 어렵네요. ③ 작업은 거의 다 끝났네요. ④ 생각보다 일찍 오셨네요. ⑤ 감기가 다 나으셨네요.

3 ① 이제 세 시니까 좀 쉴까요? ② 이것은 누가 주신 선물이에요? ③ 내일까지 과제를 다 끝낼게요. ④ 제가 그분과 만나 볼까요? ⑤ 눈이 많이 쌓였네요.

第13課

第12課の復習 (p.148)

① 창문을 닫을까요? ② 약속이 있으니까 먼저 갈게요. ③ 한국어를 공부하시네요. ④ "이것은 누구 교과서예요?" "내 것이에요."

練習1 (p.150)

① 한국은 처음이 아니지요? ② 차라도 한 잔 하지요. ③ 여기서 제일 가까운 우체국은 어디지요?

練習2 (p.152)

① 동생은 지금 집에 없는데요. ② 이 방 좀 추운데요. ③ 내일이면 시간이 있는데요. ④ 저는 작년에 이사 왔는데요.

練習3 (p.154)

① 내일 몇 시에 출발하시겠습니까? ② 따뜻하니까 벚꽃이 피겠습니다. ③ 하루 종일 걸어서 피곤하셨겠어요.

練習4 (p.156)

① 어디서 공부하셨어요? ② 저에겐 여동생과 오빠가 있어요. ③ 저게 제가 다니던 학교예요. ④ 전 여기서 뭘 하면 돼요?

●まとめの練習 (p.159)

1 ① 저분은 미나 씨 어머님이시지요? ② 졸리면 커피를 드시지요. ③ 오

늘 모임은 몇 시부터 하지요?　④ 전화를 했지만 안 받았는데요.　⑤ 한국어로 책을 읽는 것은 어려운데요.

2　① 열심히 공부하겠습니다.　② 내일 저희 집에 와 주시겠습니까?　③ 내년에는 꼭 한국에 여행을 가겠습니다.　④ 다리를 다쳐서 많이 아팠겠어요.

3　① 오후 수업은 몇 시부터 하지요?　② 감기가 아직 안 나았는데요/낫지 않았는데요.　③ 뭘 드시겠습니까?　④ 호주는 지금 여름이니까 덥겠습니다.　⑤ 여긴 유명한 식당이지요?

第14課

第13課の復習（p.162）

① 중국어는 발음이 어렵지요?　② 내일은 약속이 있는데요.　③ 이 방, 좀 추운데요.　④ 내일 몇 시에 출발하시겠습니까?

練習1（p.164）

① 은행은 아홉 시에 열린다.　② 나는 그 사실을 안다.　③ 매일 일만 하는 것은 몸에 안 좋다.

練習2（p.166）

① 누구를 기다리니?　② 시간이 없으니까 택시를 타자.　③ 아침 일찍 출발해라.　④ 엄마는 어디 계시니?　⑤ 시간이 있으면 같이 밥을 먹자.

練習3（p.168）

① 한국말은 어렵지 않아/안 어려워?　② 야마다는 내 친구야.　③ 어제는 너무 추웠어.　④ 이 책 재미있으니까 읽어 봐.

●まとめの練習（p.171）

1　① 나는 미국에서 중학교를 다녔다.　② 어제 방송된 드리마 봤니?　③ 아무리 어려워도 문제는 끝까지 풀어라.　④ 준기가 안 오니까 전화해 보자.　⑤ 우리 할아버지는/께서는 술을 많이 드신다.

2　① 일요일에 어디 갔어?　② 라면에 계란을 넣으면 맛있어.　③ 주말에는 친구와 영화 보러 갔어.　④ 내 고향은 서울이 아니야.　⑤ 어제는 늦게까지 숙제를 해서 오늘은 너무 졸려.

3 ① 어제 들은 연주는 아주 좋았다. ② 편의점에서 주문한 상품을 받는다. ③ 서울에는 갔으니까 이번에는 부산에 가고 싶다. ④ 선생님 말씀을 잘 들어라. ⑤ 어떤 한국 음식을 좋아해?

第15課

復習問題1（p.174）

① 두통은 다 나았어요? ② 그 이야기는 선생님에게서 들었어요. ③ 어제는 아주 더웠어요. ④ 이 표현은 어려우니까 열심히 연습하세요. ⑤ 월요일은 제일 바빠요. ⑥ 매일 밤에 일기를 써요. ⑦ 버스보다 전철이 더 빨라요. ⑧ 한국 노래를 불러 주세요.

復習問題2（p.176）

① 학교 앞에 있는 가게. ② 지금 사는 집. ③ 얼마 전에 산 시디. ④ 어제 받은 선물. ⑤ 다음 주에 올 사람. ⑥ 집에 있을 예정이에요. ⑦ 내가 살던 고향. ⑧ 비싼 것을 샀어요. ⑨ 제일 높은 산이에요. ⑩ 저 사람은 제 친구인 사토 씨예요. ⑪ 따뜻하던 날씨가 오늘은 추워졌어요.

復習問題3（p.179）

① 어디 갑니까? 어디 가요? 어디 가? 어디 가니? ② 학교에 갑니다. 학교에 가요. 학교에 가. 학교에 간다. ③ 여기 앉아요. 여기 앉아. 여기 앉아라. ④ 같이 가요. 같이 가. 같이 가자.

復習問題4（p.181）

① 비가 온 것 같아요. ② 이 드라마는 본 적이 있어요. ③ 회사에 가는 길에 은행에 들렀어요. ④ 기다리는 동안 게임을 하고 있었어요. ⑤ 매운 김치도 먹을 수 있어요. ⑥ 미나 씨는 곧 올 거예요. ⑦ 먹을 때는 숟가락을 써요. ⑧ 한국에 갔을 때 친구를 만났어요.

復習問題5（p.182）

① 교과서를 잠깐 보여 주세요. ② 어제 그 사람을 만나 봤어요. ③ 이 과자, 한번 먹어 보세요.

復習問題6（p.183）

① 돈은 없지만 시간은 있어요.　② 저는 학생이고 언니는 회사원이에요.
③ 백화점에 가서 가방을 샀어요.　④ 시험이 있으니까 도서관에서 공부해요.
⑤ 조금 가면 은행이 보여요.　⑥ 여기에 앉아도 돼요?　⑦ 친구를 만나러 요코하마에 가요.　⑧ 시험에 붙으려고 열심히 공부했어요.

復習問題7（p.184）

① 창문을 닫을까요?　② 앞으로 열심히 공부할게요.　③ 한국어를 공부하시네요.　④ 중국어는 발음이 어렵지요?　⑤ 내일은 약속이 있는데요.　⑥ 이 구두 좀 작은데요.

■総合問題（p.186）

問題文訳

私は１年間の韓国の留学生活を終えて、来月日本に帰る。ソウルで勉強している間、驚いたことが多かったが、その中で最も驚いたことは、韓国の学生たちの勉強に対する熱意だ。試験期間に図書館に行くと一日中図書館で過ごす学生たちの姿を見ることができる。韓国は就職が難しく、１年生の時からとても一生懸命勉強する。そして学校以外に塾に通う学生たちも多い。有名な会社に入りたくて留学もし、英語の試験も受けながらずっと準備をする。大学に入学した後にも続けて競争があり大変そうだ。ニュースを聞いても競争が激しい韓国社会に関するニュースが頻繁に出てくる。

このような状況でも留学生である私を助けてくれた友達も多かった。１年間勉強しながら出会った友人たちは皆親切で心優しい人たちだった。今後も私にこのような大切な機会をくれた韓国と日本がよい関係を維持できたらいいと思う。

① b

② c

③ a. ○　b. ○　c. ×　d. ×　e. ○　f. ×　g. ○　h. ○

韓国語―日本語単語・表現索引

太字の単語・表現は、表現の項目として取り上げたもの。最初に出てきたページを示した。「単語の整理」で取り上げた単語・表現は、取り上げたページを太字で示した。< パ無 > はパッチムなしの名詞につく形、< パ有 > はパッチムありの名詞につく形であることを示す。< 母 > は用言の母音語幹につく形、< 子 > は子音語幹につく形、< ㄹ > はㄹ語幹につく形であることを示す。< 陽 > は語幹最後の母音が陽母音の用言につく形、< 陰 > は陰母音の用言につく形であることを示す。

【ㄱ】

【ㅂ】

日本語―韓国語単語・表現リスト

太字の単語・表現は、表現の項目で取り上げたもの。<パ無>はパッチムなしの名詞につく形、<パ有>はパッチムありの名詞につく形であることを示す。<母>は用言の母音語幹につく形、<子>は子音語幹につく形、<ㄹ>はㄹ語幹につく形であることを示す。<陽>は語幹最後の母音が陽母音の用言につく形、<陰>は陰母音の用言につく形であることを示す。<形>は形容詞につく形、<名>は名詞につく形であることを示す。

【あ】

相変わらず　여전히
～間　**는 동안**
間　사이
間柄　사이
会う　만나다
合う　맞다
青唐辛子　파란 고추
明かり　불
秋　가을
開く　열리다
開ける　열다
あげる　주다
朝　아침
朝ご飯　아침
明後日　모레
足　다리(脚)、발
味　맛
明日　내일
あそこ　저기
遊ぶ　놀다
与える　주다
暖かい　따뜻하다
頭　머리
新しい～　새
新しく　새로
暑い　덥다 <ㅂ変>
集まり　모임
あと　다음
後で　나중에、이따가
～後に　**ㄴ/은 후에**
兄　오빠（女性から）、형（男性から）
姉　누나（男性から）、언니（女性から）
あの方　저분
危ない　위험하다
甘い　달다
あまり　별로
あまりに　너무
雨　비
歩み　걸음
洗う　씻다
ありがたい　고맙다<ㅂ変>
ある　있다
歩く　걷다 <ㄷ変>
アルバイト(する)　아르바이트(하다)
あれ　저것
あれこれ　이것저것
アンドン（安東）　안동
～い　**다**
家　집
～いか　**니**
以外　이외
行く　가다
いくら　얼마
医師　의사
維持する　유지하다
医者　의사
石焼きビビンバ　돌솥비빔밥
以上　이상
遺跡　유적지
忙しい　바쁘다 <으変>
痛い　아프다 <으変>
一　일
一～　한
イチゴ　딸기
一度　한번
一日中　하루 종일
市場　시장
一番　제일（最も）
いつ　언제
一生懸命　열심히
一緒に　같이
五つ　다섯
一杯飲む　한 잔 하다
いつも　항상
いない　없다
今　지금、이제（もう）
意味　뜻、의미
妹　여동생、동생
いらっしゃる　계시다
医療保険　의료보험
いる　있다
入れる　넣다
色　색
インサドン（仁寺洞）　인사동

印象　인상
インターネットサイト
　인터넷 사이트
インチョン（仁川）　인천
仁川国際空港
　인천국제공항
上　위
ウォン　원
受かる　붙다（試験に）
受け付け　접수
受け取る　받다
歌　노래
歌う　부르다 <르変>
うちの　우리
美しい　아름답다 <ㅂ変>
うまく　잘
埋める　묻다
うらやましい
　부럽다 <ㅂ変>
売り切れ　매진
うれしい　기쁘다 <으変>
噂になる　소문나다
運動(する)　운동(하다)
絵　그림
エアコン　에어컨
映画　영화
映画鑑賞　영화감상
英語　영어
駅　역
エホバク　애호박
演奏　연주
遠足　소풍
お～になりました
　셨습니다 <母ㄹ>/
　으셨습니다 <子>
お～になりました(か)
　셨어요 <母ㄹ>/
　으셨어요 <子>
お～になりましたか
　셨습니까 <母ㄹ>/
　으셨습니까 <子>
お～になります
　십니다 <母ㄹ>/
　으십니다 <子>
お～になります(か)
　세요 <母ㄹ>/
　으세요 <子>
お～になりますか
　십니까 <母ㄹ>/
　으십니까 <子>
おありになる　있으시다
おいしい　맛있다
終える　끝내다、마치다
多い　많다
大きい　크다 <으変>
多く　많이
オーストラリア　호주
お母さん　어머니、엄마
お金　돈
お客さん　손님
起きる　일어나다
億　억
送る　보내다
遅れる　늦다
お言葉　말씀
お先に　먼저
幼い　어리다
おじいさん　할아버지
おじさん　아저씨
お食事　진지
押す　누르다 <르変>
遅く　늦게
お互い　서로
お宅　댁
音　소리
お父さん　아버지
弟　남동생、동생
お歳　연세
驚く　놀라다
お腹　배、속（お腹の調子）
同じ　마찬가지
同じだ　같다
お名前　성함
お兄さん　형（男性から）、
　오빠（女性から）
お願いする　부탁 드리다
おばあさん　할머니
おばさん　아주머니
お話しする　말씀하다
お話しになる
　말씀하시다
おまえ　너、네（가の前）
おまえの　네
思う　생각하다、하다
面白い　재미있다
思ったより　생각보다
主に　주로
お休みになる　주무시다
おやつ　간식
折り紙　종이 접기
おろす　찾다（お金を）
終わり　끝
終わる　끝나다
音楽　음악
音楽鑑賞　음악감상

【か】

～か　**니**

～が 가 <パ無>/이 <パ有>、께서 (尊敬)

～が **지만**

～階 층

海外旅行 해외여행

会議 회의

会議室 회의실

会社員 회사원

解消する 해소하다

海水浴 해수욕

買う 사다

帰る 돌아가다、돌아오다

替える 바꾸다

家屋 가옥

顔を洗う 세수를 하다

価格 가격

化学 화학

掛かる 걸리다

かき氷 팥빙수 (小豆入りの)

かき混ぜる 젓다 <ㅅ変>

書く 쓰다 <으変>、적다

学生 학생

～ヶ月 개월

掛ける 걸다

傘 우산

菓子 과자

歌手 가수

数える 세다

～が好きだ 를/을 좋아하다

風邪 감기

風邪をひく 감기에 걸리다

方 분

課題 과제

課長 과장님

～月 월

楽器演奏 악기 연주

かっこいい 멋있다

学校 학교

家庭 가정

悲しい 슬프다 <으変>

必ず 꼭

カバン 가방

カフェ 카페

カボチャ 호박、단호박

噛む 씹다

カムジャタン 감자탕

仮面劇 탈춤

科目 과목

痒い 가렵다 <ㅂ変>

通う 다니다

～から **니까** <母ㄹ>/**으니까** <子>

～から 에서 (場所)、서 (縮約形)；부터 (時間)；에게서、한테서 (人)

辛い 맵다 <ㅂ変>

カラオケ 노래방

身体 몸

カルビ 갈비

過労 몸살

カロスキル 가로수길

かわいい 예쁘다 <으変>

乾く 마르다 <르変>

眼科 안과

考え 생각

感激 감격

韓国 한국

韓国語 한국어、한국말

韓国人 한국 사람

韓国料理 한국 음식

看護師 간호사

感じる 느끼다

感動する 감동하다

江南 (カンナム) 강남

江陵 (カンヌン) 강릉

韓服 한복

漢文 한문

木 나무

消える 사라지다

気温 기온

機会 기회

期間 기간

聞く 듣다 <ㄷ変>

危険だ 위험하다

記者 기자

技術 기술

帰省 귀성

ギター 기타

気づく 깨닫다 <ㄷ変>

昨日 어제

木の枝 나뭇가지

キムチ 김치

キムチチゲ 김치찌개

休暇 휴가

休講 휴강

休日 휴일

90 구십、아흔

急に 갑자기

牛肉 소고기

牛乳 우유

今日 오늘

教科書 교과서

教師 교사

教室　교실
競争　경쟁
去年　작년
慶州（キョンジュ）　경주
景福宮（キョンボックン）
　경복궁
切る　자르다 <르変>、
　끄다 <으変>（スイッチを）
着る　입다
きれいだ
　예쁘다 <으変>、
　곱다 <ㅂ変>；깨끗하다
　（清潔）
きれいに　깨끗이
気をつける　조심하다
銀行　은행
銀行員　은행원
キンパプ（海苔巻き）　김밥
金浦空港　김포공항
金曜日　금요일
九　구
空気　공기
空港　공항
ククス　국수
草　풀
薬　약
薬を飲む　약을 먹다
果物　과일
靴　구두
クッキー　쿠키
クッパ　국밥
国　나라
雲　구름
曇り　흐림
曇る　흐리다
～くらい　쯤
暮らす　살다
クラシック音楽
　클래식 음악
来る　오다
車　차
くれる　주다
計画　계획
警察官　경찰관
携帯電話　휴대폰
ケーキ　케이크
KTX　케이티엑스
ゲーム　게임
ケガする　다치다
景色　경치
結果　결과
結婚　결혼
月曜日　월요일
～けれども　**지만**
研究室　연구실
検索する　검색하다
見物する　구경하다
～個　개
五　오
豪雨　호우
公演　공연
公園　공원
合格(する)　합격(하다)
高校　고등학교
広告　광고
降水量　강수량
高速バス　고속 버스
後輩　후배
公務員　공무원
声　목소리
コーヒー　커피
故郷　고향
国語　국어
国史　국사
ここ　여기
午後　오후
ここから
　여기에서、여기서
ここで
　여기에서、여기서
九つ　아홉
心　마음
50　오십、쉰
故障する　고장나다
午前　오전
答え　답
こちら　이쪽
小包　소포
こと　것、거
ことが　것이、게
～ことができない
　ㄹ/을 수 없다
～ことができる
　ㄹ/을 수 있다
今年　올해
異なっている
　다르다 <르変>
ことは　것은、건
言葉　말
子ども　아이
ことを　것을、걸
この　이
この間
　지난번에、지난번
この前
　지난번에、지난번
好む　좋아하다
このような　이런

ご飯　　밥
混む　　막히다
これ　　이것、이거
これが
　　이것이、이게 (縮約形)
怖い　　무섭다 <ㅂ変>
今月　　이번 달
今後　　앞으로
コンサート　　콘서트
コンサートホール
　　콘서트 홀
今週　　이번 주
混んでいる　　복잡하다
今度　　다음에
今度の　　이번
コンビニエンスストア
　　편의점
婚約　　약혼

【さ】

サークル　　동아리
～歳　　살
最近　　요즘
再婚　　재혼
財布　　지갑
材料　　재료
探してみる　　찾아보다
探す　　찾다
魚　　물고기
下がる　　떨어지다
作業　　작업
咲く　　피다
昨年　　작년
作品　　작품
桜　　벚꽃
酒　　술
差し上げる　　드리다
～冊　　권
サッカー　　축구
さっき　　아까
砂糖　　설탕
寒い　　춥다 <ㅂ変>
寒くなる　　추워지다
サムゲタン　　삼계탕
皿　　접시
皿洗い　　설거지
騒がしくなる
　　시끄러워지다
騒ぐ　　떠들다
三　　삼、셋
三～　　세
～さん　　씨
30　　삼십、서른
算数　　산수
産婦人科　　산부인과
散歩する　　산책하다
四　　사、넷
試合　　시합、경기
CD　　시디
自営業　　자영업
シオッ (文字の名)
　　ㅅ(시옷)
歯科　　치과
時間　　시간
～時間目　　교시
時期　　시기
試験　　시험
事件　　사건
試験ができる
　　시험(을) 잘 보다
仕事　　일
事実　　사실
事情　　사정
辞典を引く　　사전을 찾다
自信　　자신
静かだ　　조용하다
静かに　　조용히
～した～
　　ㄴ <母ㄹ>/**은** <子>
従う　　따르다 <으変>
親しい　　친하다
七　　칠、일곱
70　　칠십、일흔
質問(する)　　질문(하다)
～している～　　**는**
自転車　　자전거
～(し)に
　　러 <母ㄹ>/**으러** <子>
死ぬ　　죽다
しばしば　　자주
支払う　　치르다 <으変>
耳鼻咽喉科　　이비인후과
自分　　자기
死亡　　사망
閉める　　닫다
じゃあ　　그러면、그럼
ジャージャー麺　　짜장면
社会　　사회
写真　　사진
～じゃないですか
　　잖아요
十　　십、열
10月　　시월
～週間　　주일
住所　　주소
就職　　취직
ジュース　　주스
週末　　주말

授業　수업
塾　학원
宿題　숙제
手芸　수예
出勤する　출근하다
出産　출산
主婦　주부
準備　준비
準備(する)　준비(하다)
～しよう
　자、**아** <陽>/**어** <陰>
小学生　초등학생
小学校　초등학교
状況　상황
上手に　잘
小説　소설
招待する　초대하다
小児科　소아과
商品　상품
食堂　식당
書店　서점
書類　서류
知らせ　소식
知らない　모르다 <르変>
資料　자료
知る　알다
しろ　**아라** <陽>/
　어라 <陰>、**아** <陽>/
　어 <陰>
白ネギ　대파
信じる　믿다
申請する　신청하다
親切だ　친절하다
シンチョン（新村）　신촌
心配(する)　걱정(하다)
心配だ　걱정이 되다

新聞　신문
～時　시
巣　집
水泳　수영
スイカ　수박
吸う　피우다
数学　수학
スーパー　슈퍼
スープ　국
姿　모습
スキーをする
　스키를 타다
好きだ　좋아하다
過ぎる　지나다
すぐれている
　낫다 <ㅅ変>
少し　조금
過ごす　지내다
涼しい　시원하다
頭痛　두통
すぐ　금방、곧
すでに　이미
ストレス　스트레스
すばらしい　멋지다
スプーン　숟가락
すべて　다
スポーツ　스포츠
スマートフォン
　스마트폰
住む　살다
ずっと　계속
～する
　ㄴ다 <母ㄹ>/**는다** <子>
～する(か)
　아 <陽>/**어** <陰>
する　하다

～する～
　ㄹ <母ㄹ>/**을** <子>
～する～　**는**
するか　**니**
座る　앉다
スンドゥブチゲ
　순두부찌개
生活　생활
生物　생물
正門　정문
世界史　세계사
背が高い　키가 크다
席　자리
狭い　좁다
千　천
先月　지난달
先週　지난주
先生　선생님
洗濯　빨래
先輩　선배、선배님
そういえば　참
葬儀　장례식
掃除　청소
制服　교복（学校の）
～そうだ　**것 같다**
そうする　그러다
そうだね　글쎄 말이야
そうです(か)　그래요
ソウル　서울
そして　그리고
注ぐ　붓다 <ㅅ変>
卒業　졸업
外　밖
その　그
その方　그분
そのように　그렇게

祖父　　할아버지
祖母　　할머니
それ　　그것、그거
それなら　　그러면

【た】
～た～　　**던**
～だ　　**다**
～だ　　이다
～だ(か)
　　야 <パ無>/**이야** <パ有>、
　　아 <陽>/**어** <陰>
それほど　　그다지
～たい　　고 싶다
体育　　체육
大学　　대학교
大学生　　대학생
退勤する　　퇴근하다
大丈夫だ　　괜찮다
大切だ　　소중하다
体調が悪い　　아프다
大統領　　대통령
台風　　태풍
大部分　　대부분
大変だ　　힘들다
高い　　높다 (高さ)、
　　비싸다 (値段)
たくさん　　많이
タクシー　　택시
～だけ　　뿐
～だけど　　은데
～たことがある
　　ㄴ/은 적이 있다
～たことがない
　　ㄴ/은 적이 없다
出す　　내다
助ける　　도와주다
尋ねてみる　　물어보다
尋ねる　　묻다 <ㄷ変>
～たち　　들
立ち寄る　　들르다 <으変>
立つ　　서다、일어서다
タッカルビ　　닭갈비
建物　　건물
～(た)とき　　**았을/었을 때**
楽しい　　즐겁다 <ㅂ変>
楽しむ　　즐기다
タバコ　　담배
食べてしまう
　　먹어 버리다
食べる　　먹다
卵　　계란
玉ねぎ　　양파
ダメだ　　안 되다
～たら　　**면/으면**
～たらいいと思う
　　면/으면 좋겠다
誰　　누구、누 (가の前)
誰も　　아무도
だろう　　**ㄹ/을 것이다**
単位　　학점 (大学の)
単語　　단어
誕生　　탄생
誕生日　　생일
小さい　　작다
チェジュ (済州)　　제주
近い　　가깝다 <ㅂ変>
地下鉄　　지하철
チケット　　표
遅刻する　　지각하다
父　　아버지
茶　　차
チャプチェ　　잡채
注意する　　조심하다
注文する　　시키다
中学校　　중학교
中国　　중국
昼食　　점심
注文　　주문
蝶　　나비
ちょうど　　딱
調理師　　요리사
ちょっと　　잠깐、좀
チョンジュ (全州)　　전주
地理　　지리
通帳　　통장
使う　　쓰다 <으変>
捕まえる　　잡다
疲れている　　피곤하다
机　　책상
作る
　　만들다、짓다 <ㅅ変>
点ける　　켜다
ツナ　　참치
つなぐ　　잇다 <ㅅ変>
つまむ　　집다
～つもりだ
　　ㄹ/을 것이다
～つもりです
　　ㄹ/을 거예요、
　　ㄹ/을 겁니다
積もる　　쌓이다
手　　손
～て　　**고**、**아서** <陽>/
　　어서 <陰>、**아** <陽>/
　　어 <陰>
～で　　로 <パ無ㄹパ>/
　　으로<パ有>(手段･方法)、

에서（場所）、서（縮約形）

てあげる　아/어 주다

～である～　**ㄴ** <母ㄹ>/**은** <子>（現在）、**ㄹ** <母ㄹ>/**을** <子>（未来）

～である　이다

ティグット（文字の名）　ㄷ(디귿)

～ていた～　**던**

手紙　편지

～できない　**지 못하다、못、ㄹ/을 수 없다**

～できる　**ㄹ/을 수 있다**

できる　생기다（生じる）

テグ（大邱）　대구

～てください　**아/어 주세요**

～でしょ　**지요、죠**

～でしょう　**ㄹ/을 거예요、ㄹ/을 겁니다**

テジョン（大田）　대전

～です　아요 <陽>/어요 <陰>、ㅂ니다 <母ㄹ>/습니다 <子>

～です(か)　요

～ですか　아요 <陽>/어요<陰>、ㅂ니까 <母ㄹ>/습니까 <子>

～ている　고 있다

～ですが　**는데요、ㄴ데요** <母ㄹ>/**은데요** <子>

～ですね　**지요、죠**

～ですねえ　**네요**

手伝う　돕다 <ㅂ変>

では　그럼

～でない　가 아니다/이 아니다

デパート　백화점

～てはいけない　면 안 되다/으면 안 되다

～てみる　**아/어 보다**

～ても　**아도** <陽>/**어도** <陰>

～でも　라도 <パ無>/이라도 <パ有>

でも　그런데

～てもよい　아도 되다/어도 되다

出る　나가다、나오다、나다

テレビ　텔레비전

点　점

店員　점원

天気　날씨

天気予報　일기예보

電車　전철

転職　이직

点数　점수

伝統　전통

電話　전화

電話(する)　전화(하다)

～と　와 <パ無>/과 <パ有>、하고

～と　**면** <母ㄹ>/**으면** <子>

ドア　문

どうする　어떡하다

同窓生　동창

どうだ　어떻다

到着する　도착하다

どうですか　어때요

道徳　도덕

豆腐　두부

同僚　동료

十　열、십

遠い　멀다

～と思う　**것 같다**

とき　때

～とき　**ㄹ/을 때**

解く　풀다

読書　독서

どこ　어디

どこから　어디에서、어디서

どこで　어디에서、어디서

時々　가끔

ところで　그런데

登山　등산

歳　나이

図書館　도서관

～途中　**는 길에**

トッポッキ　떡볶이

とても　아주

隣　옆

どのように　어떻게

泊まる　묵다

友達　친구

土曜日　토요일

ドラマ　드라마

鳥　새

とりあえず　일단

撮る　찍다

どんな　어떤
どんなに　아무리

【な】

〜な〜
ㄴ <母ㄹ>/**은** <子> (現在)、**ㄹ** <母ㄹ>/**을** <子> (未来)
〜ない　아니다
〜ない　지 않다、안
ない　없다
内科　내과
〜ないでください
지 마세요、지 마십시오
内容　내용
治る　낫다 <ㅅ変>
中　속
長い　길다
流す　흘리다
〜ながら　면서 <母ㄹ>/으면서 <子>
泣く　울다
亡くなる　돌아가시다
なくなる　없어지다
なぜ　왜
夏　여름
夏休み　여름 방학
七つ　일곱
何　무엇、뭐
何を　무엇을、뭘
何をする　뭐 하다
名前　이름
涙　눈물
習う　배우다
なる　되다
何〜　몇
何で　무엇으로、뭘로
何の　무슨、아무 (後ろに否定)
二〜　두
〜に　에 (場所)、에게 (人)、께 (尊敬)
二　이、둘
懐かしい　그립다 <ㅂ変>
似合う　어울리다
〜に関する　에 관한
肉　고기
20〜　스무
20　이십、스물
〜に対する　에 대한
〜日　일
日曜日　일요일
日記　일기
〜には
에는、엔 (縮約形)、에게는 (人)、에겐 (縮約形)
日本　일본
荷物　짐
入学(する)　입학(하다)
ニュース　뉴스
妊娠　임신
人参茶　인삼차
抜く　뽑다
脱ぐ　벗다
〜ね　네
ネットサーフィン
인터넷 검색
寝坊する　늦잠을 자다
眠い　졸리다
眠くなる　잠이 오다
寝る　자다、눕다 <ㅂ変> (横になる)
〜年　년
〜年生　학년
〜の　**의**
載せる　싣다 <ㄷ変>
〜ので　**니까** <母ㄹ>/**으니까** <子>
のど　목
飲む　마시다
海苔　김
乗る　타다

【は】

〜は　는 <パ無>/은 <パ有>、ㄴ (縮約形)、께서는 (尊敬)
歯　이
パーティー　파티
〜杯　잔
俳優　배우
入る　들다、들어가다
白頭山　백두산
始まる　시작하다
初めて　처음
場所　장소
バス　버스
働く　일하다
八　팔、여덟
80　팔십、여든
発音　발음
発見する　발견하다
発表する　발표하다
話　이야기
話す
말하다、이야기하다
母　어머니
早い　빠르다 <르変>

早く　빨리、일찍
腹　배
春の日　봄날
バレーボール　배구
花　꽃
晴れ　맑음
晴れる　개다
パン　빵
日　날
ピアノ　피아노
ビール　맥주
ピウッ（文字の名）
ㅂ(비읍)
冷え冷えする　쌀쌀하다
久しぶり　오랜만
日差し　햇빛
美術　미술
引っ越しお祝いパーティー
집들이
引っ越しする　이사하다、
이사(를) 가다、
이사 오다
必要だ　필요하다
人　사람
ひどい　심하다
一つ　하나
一人で　혼자서
ビビンバ　비빔밥
皮膚科　피부과
秘密　비밀
冷や汗　식은 땀
百　백
〜秒　초
病院　병원
表現　표현
美容師　미용사
昼ご飯　점심
昼休み　점심 시간
広げる　펴다
風景　풍경
深い　깊다
服　옷
プクチョンハノクマウル
（北村韓屋街）
북촌한옥마을
釜山（プサン）　부산
二つ　둘
豚肉　돼지고기
部長　부장님、부장
物価　물가
物理　물리
降る　오다
プルゴギ　불고기
プレゼント(する)
선물(하다)
〜分　분
雰囲気　분위기
文化　문화
文章　문장
文法　문법
ベートーベン　베토벤
下手だ　서투르다 <르変>
ベッド　침대
部屋　방
勉強(する)　공부(하다)
弁護士　변호사
弁当　도시락
便利だ　편리하다
放棄する　포기하다
放送される　방송되다
放送する　방송하다
方法　방법
僕　나
星　별
ホトック　호떡
本　책
ホンデイプク（洪大入口）
홍대입구
本当　정말

【ま】
〜枚　장
毎週　매주
毎日　매일
前　앞
〜前　전
ほとんど　거의
〜前に　**기 전에**
前もって買う　예매하다
負ける　지다
まさに　바로
〜ましょうか
ㄹ까요 <母ㄹ>/**을까요** <子>、**지요**、**죠**
〜ます（意志）
ㄹ게요 <母ㄹ>/**을게요** <子>、**겠습니다**、**겠어요**
〜ます
아요 <陽>/어요 <陰>、ㅂ니다 <母ㄹ>/습니다 <子>
〜ますか
아요 <陽>/어요 <陰>、ㅂ니까 <母ㄹ>/습니까 <子>、**ㄹ까요** <母ㄹ>/**을까요** <子>（相手意向）
〜ますが　**는데요**

～ますね　**지요、죠**
まだ　아직
待つ　기다리다
窓　창문
稀だ　드물다
万　만
満一歳のお祝い　돌잔치
水　물
～まで　까지
見せる　보이다
味噌　된장
味噌チゲ　된장찌개
店　가게
道　길
三つ　셋
ミョンドン（明洞）　명동
見る　보다
昔　옛날
難しい　어렵다 <ㅅ変>
息子　아들
六つ　여섯
無理だ　무리하다
目　눈
～名　명
メール　메일
召し上がる
드시다、잡수시다
～も　도
もう　이제、벌써
申し上げる　말씀드리다
申し訳ない　죄송하다
もう少し　좀 더
もしかして　혹시
もちろん　물론
持つ　가지다、들다
もっと　더
最も　가장
問題　문제

【や】

～や
나 <パ無>/이나<パ有>
野球　야구
約束　약속
野菜　야채
安い　싸다
休み　방학（学校の長期の）
休む　쉬다
薬局　약국
八つ　여덟
山　산
止む　그치다
やめる
끊다（タバコや酒を）
憂鬱だ　우울하다
夕方　저녁
郵便局　우체국
有名だ　유명하다
雪　눈
柚子茶　유자차
ゆっくり　천천히
～よ　지
よい　좋다、되다
～ようか　ㄹ까 <母ㄹ>/
을까 <子>
ようだ　**것 같다**
幼稚園　유치원
～ようと　**려고** <母ㄹ>/
으려고 <子>、ㄹ려고
<母ㄹ>/을려고 <子>
ヨガ　요가
よく　잘；자주
よくできる
잘 보다（試験が）
横　옆
四つ　넷
予定　예정
呼ぶ　부르다 <르変>
夜道　밤길
読む　읽다
余裕　여유
～より　**보다**
夜　밤
四～　네
40　사십、마흔

【ら】

ラーメン　라면
来月　다음 달
来週　다음 주
来年　내년
理科　과학
理解（する）　이해(하다)
理解できる
이해(가) 되다
離婚　이혼
留学する　유학을 가다
寮　기숙사
料理　요리
旅行　여행
旅行に行く　여행을 가다
リンゴ　사과
隣人　이웃 사람
歴史　역사
レストラン　레스토랑
～れば
면 <母ㄹ>/**으면** <子>
～ればよい

면/으면 되다
レポート　리포트
練習(する)　연습(하다)
連絡(する)　연락(하다)
六　육、여섯
録画する　녹화하다
6月　유월
60　육십、예순

【わ】

わかる　알다
忘れる　잊다
私　저、제 (가の前で)、
나、내 (가の前で)
私たち　우리
私ども　저희
私の　제、내
私は　저는、전
私を　저를、절
笑う　웃다
を　를 <パ無>/을<パ有>、
ㄹ (縮約形)

著者紹介

生越　直樹（おごし・なおき）

1955年　島根県に生まれる。
1977年　大阪外国語大学朝鮮語学科卒業
1982年　大阪大学大学院文学研究科日本学専攻博士課程中退
横浜国立大学教育学部講師、助教授、国立国語研究所日本語教育センター室長、東京大学大学院総合文化研究科助教授、教授を経て
現在　放送大学客員教授
専攻　韓国朝鮮語学

主な著訳書　『ＮＨＫラジオ　안녕하십니까 ハングル講座テキスト（入門編部分）』1996年4月号-9月号、1999年4月号-9月号（日本放送出版協会）
『ことばの架け橋』（共著）（白帝社）
『対照言語学』（編著）（東京大学出版会）
『在日コリアンの言語相』（共著）（和泉書院）
『根と幹』『花と実』（共著）（朝日出版社）

永原　歩（ながはら・あゆみ）

1973年	北海道に生まれる。
1997年	津田塾大学学芸学部英文学科卒業
2006年	東京大学大学院総合文化研究科言語情報科学専攻博士課程単位取得退学
2009年	東京大学大学院にて博士（学術）取得
	東海大学、神奈川大学、東洋英和女学院非常勤講師、神奈川大学特任助教、東京大学特任講師を経て
現在	東京女子大学准教授
専攻	韓国語学、韓国語教育
主な著訳書	『韓国語と日本語』（共著）朝倉書店
	『使いこなすための韓国語文法』（共著）朝日出版社
	『韓国語の友』（共著）白帝社

放送大学教材　1480049-1-2011（ラジオ）

韓国語Ⅱ（'20）

発　行　　2020 年 3 月 20 日　第 1 刷
　　　　　2022 年 7 月 20 日　第 2 刷
著　者　　生越直樹・永原　歩
発行所　　一般財団法人　放送大学教育振興会
　　　　　〒 105-0001　東京都港区虎ノ門 1-14-1　郵政福祉琴平ビル
　　　　　電話 03（3502）2750

Printed in Japan　ISBN978-4-595-32225-9　C1387

『韓国語Ⅱ('20)』添付CDについて

添付CDには以下の項目が収録されています。

●第1～2課　・練習問題解答
　　　　　　・総合問題、問題と解答
●第3～14課　・復習問題解答
　　　　　　・練習問題解答
　　　　　　・会話本文
　　　　　　・会話で注意する発音
　　　　　　・単語の整理
　　　　　　・まとめの練習解答1～3
●第15課　・復習問題解答
　　　　　・総合問題 問題文

韓国語Ⅱ('20)　添付CDトラック一覧			
あいさつ	1	第8課	40-46
第1課	2-6	第9課	47-51
第2課	7-9	第10課	52-57
第3課	10-15	第11課	58-62
第4課	16-21	第12課	63-68
第5課	22-27	第13課	69-74
第6課	28-33	第14課	75-79
第7課	34-39	第15課	80-87

「韓国語Ⅱ('20)」添付CD

CDの利用について

・このCDはCDプレーヤー・パソコンでご利用ください。

・このCDを，権利者の許諾なく，個人的な範囲を超える使用目的で複製すること，ネットワーク等を通じてこのCDに収載された音を送信できる状態にすることを禁じます。

• 本CDはCDテキスト表示に対応しています。テキストを表示するには，Windows PC，Macとも'iTunes'のインストールが必要です。'iTunes'のダウンロードは http://www.apple.com/jp/itunes/ から行ってください。

発　行　一般財団法人　放送大学教育振興会
企画・制作　放送大学学園
協　力　NHKエデュケーショナル
出　演　金成恩（キム・ソンウン）
鄭宇鎮（チョン・ウジン）

このCDは，放送大学学園の放送教材の内容をもとに編集・作成されました。